Bildungskooperation mit China · Analysen, Erfahrungen, Akteure

International Center for Graduate Studies / Institut für Asienkunde (Hg.)

# BILDUNGSKOOPERATION MIT CHINA
# ANALYSEN, ERFAHRUNGEN, AKTEURE

Dokumentation des Deutsch-Chinesischen Bildungsforums
am 3. März 2005 in Hamburg

## PETER LANG

Frankfurt am Main · Berlin · Bern · Bruxelles · New York · Oxford · Wien

**Bibliografische Information Der Deutschen Bibliothek**
Die Deutsche Bibliothek verzeichnet diese Publikationen in der
Deutschen Nationalbibliografie; detaillierte bibliografische
Daten sind im Internet über <http://dnb.ddb.de> abrufbar.

Übersetzung aus dem und in das Chinesische:
Diplom-Kauffrau Rebecca Chan, Hamburg

Satz + Layout:
ICGS, sternklar Kommunikationsdesign, Hamburg

Umschlaggestaltung:
sternklar Kommunikationsdesign, Hamburg
www.sternklar.com

Gedruckt auf alterungsbeständigem,
säurefreiem Papier.

ISBN 3-631-54865-6

© Peter Lang GmbH
Europäischer Verlag der Wissenschaften
Frankfurt am Main 2006
Alle Rechte vorbehalten.

Printed in Germany 1 2   4 5 6 7

www.peterlang.de

# Inhaltsverzeichnis

# 目录

## 研讨会3培训和进修：合作项目与需求

## 闭幕致辞 （德文-中文）

# Grußworte

致辞

*Ole von Beust, Erster Bürgermeister der Freien und Hansestadt Hamburg*

Sehr geehrte Damen und Herren,

Bildung ist ganz sicher eines der zentralen Themen unserer Zeit. Denn Bildung wird heute mehr denn je als Schlüssel begriffen, der Türen öffnet – zu geistiger Entwicklung, zu Gesundheit, zum Wohlstand. Das gilt für den Einzelnen genauso wie für Städte, Regionen, Staaten, die im technologischen und wirtschaftlichen Wettbewerb stehen. In China und Deutschland spielt dieses Thema eine besondere Rolle: China mit seiner Jahrtausende alten Tradition der Bildung ist eine der größten Kulturnationen der Welt.

Und auch Deutschland – arm an Rohstoffen – verdankt seinen historischen Aufstieg und seine heutige Stellung in der Welt nicht zuletzt der Bildung. Ich denke deshalb, dass dies ein Thema ist, das Chinesen und Deutsche in besonderer Weise verbindet; und aus dieser Affinität ergeben sich ganz sicher auch besondere Möglichkeiten der Zusammenarbeit.

Mir ist auch wichtig, zu betonen, dass dies keine Einbahnstraße ist: Sicher hat China Interesse an speziellem deutschen Know-How – aber auch wir Deutsche können eine ganze Menge von China lernen. Ich denke hier vor allem an Zielstrebigkeit, an Schnelligkeit und Pragmatismus. Das habe ich auch bei meinen Besuchen in China erleben dürfen, und das hat mich persönlich sehr beeindruckt.

**Hamburgs Rolle**

China ist in unseren Tagen ohne Zweifel ein besonders interessanter Bildungsmarkt: Wegen seiner wirtschaftlichen Dynamik existiert eine große Nachfrage, speziell nach international orientierten Angeboten im Bildungsbereich. Wegen des Reformprozesses in China erleben wir viele Neuerungen im Bildungssystem. Der Senat sieht dabei die Chance einer starken, wirkungsvollen Rolle Hamburgs: Wir unterhalten traditionell gute Beziehungen, denn wir sind Chinas Tor nach Europa. Die Städtepartnerschaft mit Shanghai ist nicht nur auf die Wirtschaft beschränkt, sie bezieht auch den Bildungssektor mit ein. Dabei können wir aufbauen auf einer eindrucksvollen China-Infrastruktur im Bil–dungsbereich. Erfolgreiche Beispiele hierfür sind die folgenden:

**Bereich Schule:**

- Der Chinesischunterricht wurde schon 1986 in HH eingeführt.
- Der Schüleraustausch dauerte früher drei Wochen, heute bis zu drei Monaten.
- Private Anbieter ermöglichen inzwischen sogar ein ganzes Austausch–jahr in China oder umgekehrt in Hamburg.

**Bereich Hochschule:**

- Stichwort China-Forschung: Sinologie gibt es in Hamburg seit 1911 (ältestes deutsches Sinologie-Seminar); Das Institut für Asienkunde arbei–tet seit 1956, bildet China-Experten aus, leistet bedeutende Forschung zu China.
- Stichwort Export von deutschen Studiengängen: Das Joint College der Hamburger Hochschule für Angewandte Wissenschaften und der University of Shanghai for Science and Technology arbeitet seit 1988 als Pilotprojekt für den Export deutscher Studiengänge nach China, ist seit 2004 akkreditiert.
- Stichwort Entwicklung innovativer internationaler Programme: Das Programm „Master/MBA International Business and Economics (MIBE) - China Focus" existiert seit 2004 und basiert auf einer Partnerschaft zwischen der Universität Hamburg, der Fudan Universität in Shanghai, dem Institut für Asienkunde und dem International Center for Graduate Studies (ICGS) der Universität Hamburg.
- Programme in China: Die Bucerius Law School führt seit 2004 eine Summerschool in Peking durch.

**Weiterbildung:**

- Hier gibt es ein großes Potenzial, aber bislang wenig Anbieter.
- Initiative der Freien und Hansestadt Hamburg mit Shanghai: Young Talent Training (YTT-Programm), das auf einem Austausch von Fach- und Führungskräften basiert. Durchführende Einrichtungen sind hier das ICGS der Universität Hamburg und das Personalamt der Stadt Shanghai.
- Privater Anbieter aus Hamburg: China Education & Training Center von CAISSA bietet bereits seit vielen Jahren Fachprogramme an. Großes Interesse und Potenzial ist auch bei anderen Hamburger Trägern in der Weiterbildung vorhanden, z.B. am ICGS der Universität Hamburg, das

seit 2003 regelmäßig Führungskräftetrainings für chinesische Ministerien, Hochschulen und Unternehmen anbietet.

**Fazit:**

Ob wir uns den Bereich Schule, Hochschule oder Weiterbildung ansehen: Überall bestehen exzellente Möglichkeiten der Zusammenarbeit – es liegt allein an uns, diese zu entdecken und zu erschließen. Hamburg mit seiner langen Tradition der Freundschaft zu China hat dies erkannt und ist entschlossen, diese besonderen Chancen zu nutzen, zum beiderseitigen Wohl unserer Länder, unserer Menschen.

Herzlichen Dank.

## 自由汉萨城汉堡市第一市长欧勒·冯·伯思特

尊敬的女士们、先生们：

教育肯定是当前主题之一。无论是对个人还是对处于技术与经济竞争之中的城市、区域或国家而言，教育被视为打开智力、健康和富裕之门的钥匙。教育在中国和德国的意义尤为特殊。富有数千年教育传统的中国是举世最伟大的文化邦国之一。而对于原料资源贫乏的德国而言，其历史繁荣与今日国际地位主要应归功于教育。因此，我认为教育是一个特别地将中国人和德国人结合在一起的主题，深信由此定会产生异常的合作机遇。

在此，我更要强调双方的合作不是一条单行道。中方当然对德方的专业技术知识深感兴趣，而我们也可向中方学习许多，我认为，尤其是他们高速和目标明确的办事作风及务实精神。这些都是我在中国数次访问时的经历，给我留下了非常深刻的印象。

### 汉堡的作用

毫无疑问，中国当前是一个异常具有吸引力的教育市场。 生气勃勃的经济发展导致中国尤其对面向国际的教育项目有很大的需求。中国的改革过程引起教育体制的众多更新。汉堡市政府认为，汉堡市将有机会起着强大并极为有效的作用：汉堡和中国不仅历来关系良好，汉堡更是中国通往欧洲的门户。汉堡与上海的友好城市关系并不局限于经济，它也包含了教育这一领域。在此领域我们已拥有卓越的合作基础设施。成功实例如下：

### 中小学领域：

——早在1986年汉堡已引进了中文课程。

——学生互访交流过去为期三周，现已长至三个月。

——私人机构现在甚至提供在中国或在汉堡学习长达一年的交流机会。

高校领域:

——有关中国研究:汉堡大学的汉学系创建于1911年,是全德最早设立的。亚洲研究所自1956年起培养从事研究中国问题的专家,在研究中国问题方面作出了重要成绩。

——有关出口德国高教专业:汉堡应用科学大学与上海理工大学联合创立的"汉堡-上海国际工程技术学院"1988年起即成为将德国高教专业引入中国的试点工程,并在2004年通过了评估。

——有关设置创新的国际教育项目:"国际经贸(中国主题)硕士-MBA双学位项目"(MIBE-China Focus)建立在汉堡大学、上海复旦大学、亚洲研究所及汉堡大学国际研究生课程中心的伙伴关系上于2004年创办。

——有关在中国举办的项目:2004年起汉堡布塞里乌斯法学院在北京举办暑期班。

进修领域:

——这一领域蕴藏着巨大的潜力,但是到目前为止仅有少数机构举办。

——自由汉萨城汉堡市与上海市共同发起的"青年人才培训项目"(YTT-项目)旨在交流专业及领导精英。本项目的执行机构分别是汉堡大学研究生课程中心(ICGS)和上海市人事局。

——来自于汉堡的私人机构:凯撒旅游集团的中国教育培训部提供专业进修项目已有多年。汉堡其它进修项目承办机构对此均有很大兴趣与发展潜——力例如从2003年起定期为中国各政府部门、高校及企业举办领导精英进修项目的汉堡大学研究生课程中心。

结论：

无论是中小学，高校或进修领域，每个领域均蕴藏着极佳的合作机会，在于我们去发现和开发。和中国拥有悠久友谊传统的汉堡市已认识到这点，并坚决地把握这特别的机遇，造福于我们两国和我们两国人民。
衷心感谢！

*Ma Jinsheng, Generalkonsul der Volksrepublik China in Hamburg*

## Vielversprechende Perspektiven für die chinesisch-deutsche Zusammenarbeit im Bildungsbereich

Durch die gemeinsamen chinesisch-deutschen Anstrengungen sowie mit tatkräftigen Unterstützungen des Senats der Stadt Hamburg und weiterer Institutionen hat im März 2005 das erste Chinesisch-Deutsche Bildungsforum in Hamburg erfolgreich stattgefunden. Dazu möchte ich meine herzlichen Glückwünsche aussprechen und allen Beteiligten, die zu der erfolgreichen Durchführung dieses Forums beigetragen haben, danken.

Das Chinesisch-Deutsche Bildungsforum in Hamburg stellt einen weiteren wichtigen Austausch zwischen Hamburg und China dar. Es hat die gegenseitige Verständigung und das gegenseitige Verständnis weiter verstärkt, die beiderseitige Zusammenarbeit im Bildungsbereich gefördert sowie dazu beigetragen, die guten Beziehungen zwischen Hamburg und China weiter voran zu bringen. Die erfolgreiche Durchführung des Forums zeigt, dass nicht nur die Zusammenarbeit zwischen Hamburg und China auf dem Gebiet der Wirtschaft und des Handels bereits reiche Früchte trägt, sondern der Austausch im Bildungsbereich ebenfalls ständig erweitert worden ist. Dies entspricht unseren beiderseitigen Interessen.

China hat bereits vor über 100 Jahren Studenten zum Erwerb moderner Kenntnisse auf dem Gebiet der Wissenschaft und der Kultur in die westlichen Staaten, darunter auch Deutschland, entsandt. Insbesondere seit der Reform und Öffnung Chinas sind zahlreiche junge Leute zum Studium und Weiterbildung ins Ausland geschickt worden. Nach erfolgreichem Abschluss sind sie entweder ins Vaterland zurückgekehrt, um dem Land zu dienen, oder sie sind im Ausland geblieben, und dienen als Bindeglied in Chinas Beziehungen zu anderen Ländern. Sie tragen zum Ausbau der Zusammenarbeit und des Austausches bei und spielen eine aktive Rolle für die Vertiefung des Verständnisses und der Freundschaft zwischen den Völkern Chinas und denen aus der ganzen Welt. China ist bereit, die Kooperation und den Austausch im Bildungsbereich mit den anderen Ländern weiter zu verstärken.

Parallel zu der Entwicklung der bilateralen Beziehungen zwischen China und Deutschland wurde die Zusammenarbeit im Bildungsbereich zwischen China und den norddeutschen Regionen, Hamburg eingeschlossen, stetig intensiviert. Zurzeit gibt es über 4.500 chinesische Studenten im Norden Deutschlands. Zahlreiche chinesische und deutsche Hochschulen haben Partnerschaften geschlossen sowie Kooperationsprojekte mit substanziellen Inhalten erfolgreich durchgeführt. Die chinesisch-deutsche Zusammenarbeit im Bildungsbereich verfügt nicht nur über Potenzial, sondern auch über gute Perspektiven.

Das Chinesisch-Deutsche Bildungsforum in Hamburg hat wieder eine neue Plattform für den chinesisch-deutschen Austausch im Bildungsbereich errichtet, welches es beiden Seiten ermöglicht, besser voneinander lernen zu können sowie die gemeinsame Entwicklung des Bildungswesens beider Länder voranbringt. Die Bildungskooperation stellt jetzt bereits einen wichtigen Bestandteil der beiderseitigen Beziehungen dar. Möge die Zusammenarbeit zwischen China und Hamburg im Bildungsbereich sich stetig weiter entwickeln.

中华人民共和国驻汉堡领事馆　晋生总领事

## 中德教育合作大有可为

经过中德双方的共同努力，在汉堡市政府及各方的大力支持下，首届"汉堡中德教育论坛"于2005年3月召开并取得成功。我对此表示衷心祝贺，并且感谢为此次论坛成功举办作出贡献的各方人士！

汉堡中德教育论坛是汉堡与中国之间又一次重要的交流活动，进一步加强了双方的沟通和理解，促进了双方在教育领域的合作，为进一步推动汉堡与中国之间的关系起到了积极作用。论坛的成功举办表明，汉堡与中国不仅经贸合作硕果累累，在教育领域的交流也不断扩大。这符合双方的利益。

早在100多年前，中国就开始派遣留学生到西方各国，包括到德国学习先进的科学文化知识。特别是中国改革开放以来，中国派出了大量的年轻人到国外学习进修。他们学业有成，或回到祖国，为国家服务，或留在他国，发挥着中国与各国交往的桥梁作用，对扩大中国与各国的合作与交流做出贡献，在增进中国人民与世界各国人民的了解和友谊方面发挥积极作用。中国愿意继续加强在教育领域与其他国家的合作与交流。

随着中德两国关系的发展，中国与包括汉堡在内的北德地区在教育领域的合作也不断得到加深。目前在北德地区的中国留学生有4500多人。双方许多高等院校建立了校际关系，开展具有实质内容的合作项目并且取得成果。双方在教育领域的合作不仅具有潜力，而且前景看好。

"汉堡中德教育论坛"又为中德双方的教育方面的交流搭建了一座新的平台，使双方可以更好地相互学习，相互借鉴，推动双方的教育事业共同发展。双方的教育合作已成为相互关系中一个重要的组成部分。希望中国与汉堡之间在教育领域的合作不断发展。

*Anja Soltau & Dr. Udo Thelen, International Center for Graduate Studies (ICGS) der Universität Hamburg sowie Dr. Günter Schucher, Institut für Asienkunde (IFA)*

Ideen zur Etablierung eines Deutsch-Chinesischen Bildungsforums in Hamburg wurden spätestens seit 2003 in den Hamburger Senatsämtern diskutiert und waren auch Thema verschiedener China-Gesprächskreise. Denn bei aller Unterschiedlichkeit hinsichtlich der organisatorischen, thematischen und politischen Details waren sich Alle in einem Punkt einig: Hamburg mit seinen vielfältigen und vielzähligen chinabezogenen Bildungsprojekten ist bestens geeignet, diese einem interessierten Publikum über die Grenzen der Stadt hinaus zu präsentieren. Dies war auch die Überzeugung von ICGS und IFA, als wir im September 2004 als neue Projektpartner zur Organisierung des Forums ins Boot geholt wurden.

In den folgenden Wochen stand die Herausforderung im Vordergrund, die bei allen Beteiligten bereits sehr konkreten Ideen und Interessen in einen einheitlichen, überzeugenden Rahmen zu fassen. In engagierter Zusammenarbeit haben dabei die Behörde für Bildung und Sport, vertreten durch Hubert Depenbusch (Schulen) und Jörg Schröder-Roeckner (Weiterbildung), die Behörde für Wissenschaft und Gesundheit, vertreten durch Dr. Anke Peters (Hochschulen), die Senatskanzlei der Stadt Hamburg, vertreten durch Dr. Cornelia Max und Dr. Carsten Krause sowie ICGS und IFA gemeinsam mit der Hamburg-Repräsentanz in Shanghai ein Programm auf die Beine gestellt, dessen Zuspruch alle Erwartungen übertroffen hat.

Aufbauend auf einem gezielten Marketing sind von Januar bis Ende Februar 2005 knapp 250 Anmeldungen und viermal so viele telefonische Anfragen im ICGS eingegangen. Am Forumstag selbst haben sich ca. 220 chinainteressierte Bildungsvertreter in den Räumen des Asien-Afrika-Instituts an der Universität Hamburg eingefunden. Während die Mehrzahl der Gäste aus dem Hamburger Umfeld kam, ist es gelungen, über 20% aus anderen Bundesländern für das Forum zu begeistern, dabei so renommierte Adressen wie das Bundesministerium für Bildung und Forschung, das Sekretariat der Kultusministerkonferenz, der Deutsche Akademische Austauschdienst, die Zentralstelle für das Auslands-schulwesen in Köln sowie einige Berliner Hochschulen. Dank der wertvollen Unterstützung von Frau Katja Hellkötter in der Hamburg-Repräsentanz in Shanghai ist es außerdem gelungen, eine Delegation von knapp 20 chinesischen Vertretern verschiedener Bildungseinrichtungen nach Hamburg zu holen, die auch als Referenten zum Forum beigetragen haben. Ein entsprechendes Begleitprogramm wurde von der Behörde für Bildung und Sport auf die Beine gestellt, das den Gästen eine Woche lang eine Fülle an interessanten Terminen geboten hat. Abgerundet wurde das Forum durch die im Foyer des Gebäudes platzierte Ausstellung von knapp 20 Bildungsanbietern aus dem Hamburger Raum, welche die Gelegenheit nutzen, ihre Chinaprojekte einem breiten Publikum zu präsentieren.

Der Forumstag am 03.03.05 verlief ebenso vielversprechend und für alle Seiten perspektivenreich. Eröffnet durch Grußworte des Hausherrens, Universitäts-Präsident Dr. Dr. h.c. Jürgen Lüthje, Staatsrat Dr. Roland Salchow sowie Huang Yefang aus der Erziehungskommission der Stadt Shanghai und Mao Dali als Vertreter des Personalamts der Stadt Shanghai folgten am Vormittag Plenumsvorträge sowie am Nachmittag Workshops zu den einzelnen Bildungsbereichen. Den Abschluss des Tages bildete der Empfang durch den Ersten Bürgermeister der Stadt Hamburg, Ole von Beust, im Kaisersaal des Hamburger Rathauses, zu dem alle Teilnehmer des Forums eingeladen waren. Sowohl der Auftraggeber des Bildungsforums, die Stadt Hamburg, als auch Organisatoren und Teilnehmer zeigten sich sehr zufrieden mit dem Verlauf des Forums und den erzielten Ergebnissen in der gewünschten Netzwerkbildung. Natürlich gab es auch viele Anregungen zur weiteren Optimierung – dies wurde und wird in der Nachbereitung im Hinblick auf eine Folgeveranstaltung in Hamburg oder Shanghai intensiv diskutiert.

Am frühen Nachmittag des 4. März 2005 ist das erste Deutsch-Chinesische Bildungsforum mit einem Senatsfrühstück für die chinesischen Gäste sowie Organisatoren und Initiatoren in einem beeindruckenden Rahmen zu Ende gegangen. In seiner Ansprache stellte Staatsrat Dr. Reiner Schmitz von der Behörde für Bildung und Sport noch einmal den außerordentlichen Erfolg dieser von der Stadt Hamburg ins Leben gerufenen Veranstaltung heraus. Auch die chinesische Seite gab ihre positiven Eindrücke weiter: „Ich bin beeindruckt von dem großen Interesse und sehr zufrieden mit dem Verlauf und den Ergebnissen des Forums. Ausgehend von diesem

Erfolg wäre es mein Wunsch, das Deutsch-Chinesische Bildungsforum in den kommenden Jahren auch in Shanghai zu etablieren.", so Mao Dali, stellvertretender Leiter des Shanghaier Personalamts. Ob bereits 2006 in Shanghai oder doch erst 2007 in Hamburg – das zweite Deutsch-Chinesische Bildungsforum ist fest geplant, und alle beteiligten Partner freuen sich auf einen Ausbau der erfolgreichen Auftaktveranstaltung.

汉堡大学国际研究生课程中心（ICGS）：安雅·佐尔陶与乌多·特伦博士德国汉堡亚洲研究所（IFA）：舒君得博士

汉堡市政府各个部门早在2003年就针对在汉堡设立德中教育论坛这一构思进行讨论。这个想法也是许多圈内人士的探讨话题。虽然各方对组织、论题、政治方面的细节问题持有不同的意见，但是对于一点大家的看法则是一致的——即拥有众多各种类型与中国有关的教育项目的汉堡市最适合将这些项目展现给汉堡市内外对德中教育合作深感兴趣的人士。这也正是我们——汉堡大学国际研究生课程中心（ICGS）和德国汉堡亚洲研究所（IFA）——2004年9月成为新的论坛组织伙伴时所坚信的观点。

接下来数周我们所面临的主要挑战就是将所有参与者均已非常具体的构思和要求纳入一个既统一又令人信服的框架内。由胡贝特·德彭布施先生（Hubert Depenbusch）（负责中、小学校领域）和耶尔格·施罗德-勒克纳先生（Jörg Schröder-Roeckner）（负责进修领域）为代表的汉堡市政府教育与体育部，由安克·彼得斯博士（Dr. Anke Peters）（负责高校领域）为代表的汉堡市政府科学与卫生部，由 可丽博士（Dr. Cornelia Max）和康易清博士（Dr. Carsten Krause）为代表的汉堡市政府办公厅及汉堡大学国际研究生课程中心与德国汉堡亚洲研究所和汉堡驻上海联络处经过投入的合作，共同制定了得到出人意表的普遍赞同的本届论坛议程。

在一系列目标明确的营销措施的基础上，汉堡大学国际研究生课程中心从2005年1月至2月下旬收到了近250份论坛报名单，电话查询次数更有其四倍之多。论坛当日约有220名对中国教育深感兴趣的教育界人士到达汉堡大学亚非学院。大部分来宾来自于汉堡，而本论坛也成功地激起了联邦其他各州人士的极大兴趣，超余20%与会者来自于联邦其他州市。其中包括享有盛名的部门如联邦教育与科研部、联邦各州文教部长常务会议秘书处、德意志学术交流中心、德国科隆外国教育事业中心及数所柏林高校。在汉堡驻上海联络处何凯迪女士（Katja Hellkötter）可贵的协助下，更有一个由将近20位来自中国各个教育机构的代表所组成的代表团参加本届论坛并作了报告。汉堡市政府教育与体育部为各位中国来宾精心安排了一周丰富多彩的相关活动。将近20个来自汉堡地区的教育机构利用这次机会在会址大堂向广泛的公众展现他们的各项中国教育项目，使本届论坛更为充实完美。

　　2005年3月3日论坛当日的进行过程也是令人充满希望的，并为各方展示了广阔的前景。东道主——汉堡大学校长于尔根·吕特耶博士及名誉博士（Dr. Dr. h.c. Jürgen Lüthje）、汉堡市政府科学与卫生部副部长罗兰德·扎尔肖博士（Dr. Roland Salchow）和上海市人民政府教育委员会的代表黄也放女士与上海市人事局的代表毛大立先生致辞后论坛正式开幕。随后上午举行全体论坛报告，下午就各教育领域进行分论坛专题研讨会。所有与会者受邀参加汉堡市第一市长欧勒·冯·伯思特（Ole von Beust）在汉堡市政厅帝王大厅举行的招待会后是日论坛结束。论坛主办者——汉堡市政府，论坛组织机构及与会者均对本届论坛过程及在建立关系网方面所取得的成绩深表满意。当然也有许多力求论坛更为完善的启迪。面向第二届将在汉堡或在上海召开的论坛，总结本届论坛经验时，各方就此已经并也将继续进行深入地讨论。

　　2005年3月4日中午，第一届德中教育论坛在汉堡市政厅为中国来宾和论坛组织者与倡导者举行的"市政府早餐会"的隆重气氛下圆满结束。汉堡市政府教育与体育部副部长赖纳·施米茨博士（Dr. Reiner Schmitz）在他的致辞中再次突出了本届由汉堡市政府所创立的论坛所获得的巨大成果。中方也表示论坛给他们留下了非常好的印象。上海市人事局毛大立副局长说："德方很大的兴趣给我留下了深刻印象。我对本届论坛的进行过程与所取得的成绩深感满意。在此成果的基础上，我希望在最近的几年内也在上海设立德中教育论坛"。第二届德中教育论坛——无论是2006年在上海，还是2007年在汉堡——定将召开。所有参与伙伴们都盼望着成功的开端得以继续扩大发展。

# Vorträge

# 1. Teil: Welcome Notes

# 报告

# 第一部分　开幕致辞

*Dr. Dr. h.c. Jürgen Lüthje, Präsident der Universität Hamburg*

Sehr geehrte Gäste des ersten Deutsch-Chinesischen Bildungsforums! Als Präsident der Universität Hamburg darf ich Sie offiziell begrüßen: Herzlich Willkommen in Hamburg!

Zu allererst möchte ich unsere chinesischen Gäste begrüßen: die stellvertretende Leiterin der Erziehungskommission in Shanghai, Frau Huang Yefang, und den stellvertretenden Leiter des Shanghaier Personalamts, Herrn Mao Dali. Beide werden im Anschluss auch ein Grußwort an uns richten. Weiter Frau Hellkötter aus der Hamburg-Repräsentanz in Shanghai und Herrn Hernig, Leiter der Abteilung Kultur und Bildung des deutschen Generalkonsulats in Shanghai. Ferner haben wir die Ehre, fünf Vizeleiter bzw. Mitarbeiter unserer chinesischen Partnerschulen in Shanghai zu unseren heutigen Gästen zu zählen sowie die Shanghaier Programmkoordinatorin des Master- und MBA-Doppelprogramms mit China -Fokus, welches unser International Center for Graduate Studies (ICGS) gemeinsam mit der Fudan Universität anbietet. Eine weitere Delegation besteht aus vier Vertretern des „Most Needed Talent Office" in Shanghai. Auch Ihnen ein herzliches Willkommen. Ich hoffe, Sie alle werden Ihren Aufenthalt in Hamburg und insbesondere den heutigen Tag als einen wichtigen und außerordentlich gewinnbringenden Schritt im kontinuierlichen Ausbau der deutsch-chinesischen Beziehungen im Bildungsbereich betrachten.

Es werden heute noch viele Dankes- und Grußworte gesprochen werden, aber ich möchte nicht versäumen, auch den Initiatoren und Organisatoren dieser so wichtigen und in dieser Form erstmalig stattfindenden Veranstaltung zu danken. Die Stadt Hamburg, heute vertreten durch Staatsrat Salchow, hat mit der Einrichtung des ersten Deutsch-Chinesischen Bildungsforums einen wichtigen und sehr lobenswerten Schritt unternommen, um die vielfältigen Aktivitäten auf diesem Sektor zusammen zu bringen, aufeinander aufmerksam zu machen und im Idealfall miteinander zu vernetzen.

In gemeinsamer und sehr engagierter Zusammenarbeit haben die zuständigen Hamburger Behörden – die Behörde für Bildung und Sport, vertreten durch Herrn Depenbusch und Herrn Schröder-Roeckner, sowie

die Behörde für Wissenschaft und Gesundheit, vertreten durch Frau Peters –
dazu beigetragen, ein äußerst vielseitiges Programm zu erstellen, das die drei
Bereiche Schulen, Hochschulen und Weiterbildung gleichermaßen umfassend
behandeln wird.

Das Institut für Asienkunde in Hamburg und hier insbesondere ihr
stellvertretender Leiter, Herr Schucher, sowie das International Center for
Graduate Studies unserer Universität haben die Aufgabe übernommen,
den inhaltlichen Aktivitäten einen organisatorischen Gesamtrahmen zu
geben, und sie haben dies aus meiner Sicht hervorragend gemeistert.
Auch hierfür meinen herzlichen Dank. Insbesondere freuen wir uns
natürlich, dieses Forum in den Räumlichkeiten des Asien-Afrika-Instituts
durchführen zu können, dessen China-Abteilung eine der größten und
bedeutendsten sinologischen Forschungseinrichtungen Deutschlands
ist. Ich darf nun als offizieller Gastgeber das erste Deutsch-Chinesische
Bildungsforum in Hamburg eröffnen und wünsche Ihnen einen erfolg-
und ergebnisreichen Tag.

## 汉堡大学校长于尔根·吕特耶博士及荣誉博士

尊敬的第一届德中教育论坛各位来宾，谨允许我作为汉堡大学校长正式欢迎各位：热烈欢迎各位来到汉堡！

首先我谨向我们的中国来宾致以问候：上海市教育委员会副主任黄也放女士和上海市人事局副局长毛大立先生，两位来宾接着也将向大家致辞。同时欢迎汉堡驻上海联络处何凯迪（Hellkötter）女士及德国驻上海总领事馆文化教育处负责人赫尼尔（Hernig）先生。我们感到很荣幸，在今天的来宾中还有五位中国合作院校的副校长等同仁以及我们汉堡大学国际研究生课程中心（ICGS）与复旦大学联合举办的以中国为主题的硕-MBA双学位项目的中方项目协调人。另外也热烈欢迎由四位上海"紧缺人才办公室"成员所组成的代表团。我希望各位将您们汉堡此行，尤其是今天的论坛，视作是持续扩展德中教育交往途中甚为重要并且收获异常丰富的一步。

尽管今天将还有更多欢迎和感谢致辞，我不想错过机会向发起及组织本届如此重要并且前所未有的盛会的各个机构表示谢意。今天由扎尔肖（Salchow）副部长为代表的汉堡市政府通过创办本届德中教育论坛为促进各方对各项教育措施的了解，关注和连接做出了极为重要及深值表彰的一步。

有关汉堡市政府部门，即由德彭布施（Depenbusch）先生和施罗德-勒克内尔（Schröder-Roeckner）先生为代表的汉堡市教育与体育部，和由彼得斯（Peters）女士为代表的汉堡市科学与卫生部，经过共同努力和投入地合作使本届论坛的议程异常深广，中小学校，高校和进修这三领域均能全面地进行探讨。

汉堡亚洲研究所，尤其是研究所副所长舒君得（Schucher）先生，与本校国际研究生课程中心共同承担了本届论坛的组织工作。按我看，他们非常出色地完成了这项任务。也向他们致以衷心的感谢。我们为本届论坛能在本校亚非学院举行尤为高兴。属于亚非学院的汉学系是德国规模最为广大及最具有影响力的汉学研究机构之一。

现在，我作为东道主宣布第一届德中教育论坛正式开幕。祝各位今天收获丰富，卓有成果。

*Staatsrat Dr. Roland Salchow, Behörde für Wissenschaft und Gesundheit, Hamburg*

Sehr geehrter Hausherr und Gastgeber, Präsident der Universität Dr. Lüthje, sehr geehrte Frau Huang Yefang, sehr geehrter Herr Mao Dali, „nüshimen, xianshengmen, nimen hao!"

Ich begrüße Sie im Namen des Senats der Freien und Hansestadt Hamburg herzlich hier in Hamburg. Die Stadt hat dieses erste Deutsch-Chinesische Bildungsforum eingerichtet. Es bietet die Gelegenheit, Deutschland und China als Bildungs- und Wissenschaftsstandorte zu präsentieren, Kooperationsmöglichkeiten anhand konkreter Beispiele vorzustellen und über eine weitere Vertiefung der Zusammenarbeit zu diskutieren. In den drei Schwerpunktbereichen Hochschule, Schule sowie Aus- und Weiterbildung wollen wir über aktuelle Entwicklungen informieren und neue Perspektiven aufzeigen.

Das Bildungsforum passt gut in den Strauß der Kooperation, welche die Freie und Hansestadt Hamburg und Shanghai zum Ausbau ihrer Partnerschaft vereinbart haben. Letzten September war der Bürgermeister zur Unterzeichnung des Memorandums in Shanghai, das den Rahmen setzt für die Aktivitäten der kommenden Jahre. Im letzten Mai waren der Schul-Staatsrat Dr. Schmitz und ich in der Partnerstadt, um am chinesischen Education Forum teilzunehmen und vorzutragen. Herr Schmitz hatte Schulen dort besucht mit Deutschunterricht aber auch naturwissenschaftlichen Schwerpunkten, ich selber besuchte universitäre Institutionen – Beispiele beider Felder werden wir heute präsentiert bekommen.

Hamburg ist sicherlich ein geeigneter Tagungsort: Die Hafen- und Handelsmetropole unterhält eine Vielzahl an Kontakten in alle Welt. China spielt dabei eine bedeutende Rolle: Seit dem 18. Jahrhundert ist unser Hafen ein wichtiges chinesisches Tor nach Europa. Gerade in den letzten Jahrzehnten ist der Handel mit China stetig gewachsen. Waren 1990 noch 35 chinesische Unternehmen in Hamburg ansässig, sind es heute bereits über 300. 3.000 Chinesen leben in Hamburg und bereichern unser kulturelles Leben. Über 500 chinesische Studierende und mehr als 200 chinesische Schüler besuchen Hochschulen und Schulen in Hamburg.

Ein starkes Netzwerk von nicht-staatlichen Institutionen wie Hochschulen, die Handelskammer, Forschungseinrichtungen und soziale Einrichtungen unterstützen die Politik des Senats, die darauf zielt, die Kontakte nach China und vor allem zu unserer Partnerstadt Shanghai zu vertiefen.

Und warum eine Intensivierung im Bildungsbereich? Reicht es nicht aus, wenn wir Handel treiben? Ich bin überzeugt, dass eine solche Haltung nicht den zukünftigen Anforderungen gerecht würde: Der internationale Arbeitsmarkt stellt immer höhere Ansprüche an junge Menschen. Die Globalisierung, moderne Technologien und der Wandel von der Industrie- zur Informationsgesellschaft verlangen nach neuen Fähigkeiten und Qualifikationen. Aus diesem Grund muss schulisches, universitäres und berufliches Wissen ständig aktualisiert werden.

In vielen Ländern werden Bildungskonzepte gesucht, um die Leistungsfähigkeit der Bevölkerungen auf dem Arbeitsmarkt sicherzustellen. Besonders China strebt hohe Qualitäts- und Produktivitätsstandards an. Hier kann Hamburg als kompetenter Partner im Bereich der Aus- und Weiterbildung Unterstützung leisten, denn wir verfügen über ein leistungsfähiges Ausbildungssystem und sind bereit, unsere Erfahrungen mit unseren chinesischen Partnern zu teilen. Auf der anderen Seite wollen wir unser Verständnis des chinesischen Bildungssystems vertiefen.

Ich möchte auf konkrete Beispiele verweisen, die Hamburg und Shanghai gemeinsam betreiben: Die Universität Hamburg und deren ICGS, das IFA, und die Fudan University in Shanghai arbeiten beim Studiengang „Master/MBA International Business and Economics (MIBE) – China Focus" zusammen. Sie bieten eine Ausbildung auf Hochschulniveau, die einen klaren China-Fokus aufweist und das gegenseitige Verständnis für Kulturen mit unterschiedlichen Wirtschafts- und Rechtssystemen erhöht. Eine moderne Wirtschafts- und Managementausbildung wird auf diese Weise mit unverzichtbaren Kenntnissen über soziale und kulturelle Hintergründe angereichert.

Enge Kooperation gibt es zwischen der Hochschule für Angewandte Wissenschaften Hamburg und der University of Shanghai for Science and Technology, USST. Hier wurde im Dezember der erste deutsche Studiengang akkreditiert, der zu einem Doppelabschluss durch die

HAW Hamburg und die USST führt. Die chinesischen Studierenden erhalten eine fundierte, anwendungsorientierte Bachelorausbildung, die in Deutschland und in China anerkannt wird. Durch einen einjährigen Intensivkurs in deutscher Sprache und einen Praktikumsaufenthalt in Deutschland erlangen sie gute Deutschkenntnisse und tieferes Verständnis für die deutsche Kultur und Mentalität. Ich habe der Verabschiedung des ersten Jahrganges selbst beigewohnt.

Im Schulbereich gibt es eine ähnliche Entwicklung: mit Unterzeichnung des Bildungsmemorandums zwischen Hamburg und Shanghai wurden voriges Jahr ehrgeizige Ziele formuliert:
• den Schüleraustausch weiter fördern und ausbauen
• den Chinesischunterricht in Hamburg und den Deutsch-Unterricht in Shanghai ausbauen
• die Möglichkeiten für Praktika in der Partnerstadt erleichtern
• und den Austausch von Lehrplänen sowie die gegenseitige Information über Unterrichtsmethoden, Lehrmaterialien und die allgemeine Lehrerfortbildung intensivieren.

Ein eigenes Themenfeld ist der Weiterbildungsmarkt, mit großem Potenzial für die deutsch-chinesische Zusammenarbeit. Die Nachfrage in China ist groß, die Anzahl der Anbieter mit dem nötigen China-Know-how auf deutscher Seite jedoch relativ gering. Als bekanntestes Unternehmen in Hamburg führt die CAISSA Touristic Group AG seit langem Fachprogramme für chinesische Gruppen durch. Auch das ICGS bietet Fachprogramme an. Großes Interesse liegt auch bei weiteren Hamburger Weiterbildungsträgern. Auf Initiative der Stadt Hamburg wird seit einigen Jahren ein Trainee-Programm für Fach- und Führungskräfte aus Shanghai angeboten. Ab diesem Jahr soll es unter dem Titel „Young Talent Training Program (YTT)" in beide Richtungen veranstaltet werden, d.h. zukünftig werden auch Hamburger Trainees nach Shanghai entsandt.

Meine Damen und Herren, das sind Beispiele, die wir heute noch eingehender analysieren und diskutieren können. Ich würde mich freuen, wenn die Diskussionen dazu führen, dass wir die bestehenden Kooperationen vertiefen und neue etablieren.
Vielen Dank!

## 汉堡市政府科学和卫生部副部长罗兰德·扎尔肖博士

尊敬的东道主汉堡大学校长吕特耶博士、

尊敬的黄也放女士、

尊敬的毛大立先生、

女士们、先生们：　　　　　　　　你们好！

我代表自由汉萨城汉堡市政府热烈欢迎各位来到汉堡。汉堡市政府设立了本次第一届德中教育论坛。本论坛为展示德国和中国作为教育与科学领域的基地提供了机会。本论坛也将借助于具体实例介绍各类中德合作途径，并对进一步加深合作进行探讨。我们将阐述本论坛三个主题领域——高校，中小学及培训与进修领域当前的发展状况及指出其新的前景。

本届论坛与自由汉萨城汉堡市和上海市为扩展双方的伙伴关系协定的众多合作项目交相辉映。去年九月，我们汉堡市长前往上海签署的合作备忘录为双方未来几年的合作活动制定了框架。去年五月，本市教育与体育部副部长施米茨博士及本人在我们的友好城市上海参加了中国教育论坛并在论坛上作了报告。施米茨先生在那里参观了有德语课程设置的学校和以自然科学为教学重点的学校，而我则参观了数所高校机构。今天我们将有这两个领域的实例介绍。

汉堡无疑是个合适的论坛地点。作为港口和贸易中心，汉堡在世界各地都建立了联络网。中国在这一方面具有重要的意义：汉堡港口自18世纪起便是中国通往欧洲的重要门户，特别是在最近数十年，汉堡与中国的贸易持续增长。1990年仅有　35家中资企业在汉堡落户，而目前已超过300家。现有3000名中国人在汉堡生活，他们为我们的文化生活增添了色彩。500多名中国留学生和200多名来自中国的中小学生在汉堡求学。一个强大的，由非官方性机构如高校、商会、科研和社会福利机构所组成的网络积极支持汉堡市政府致力加强与中国，尤其是与我们的友好城市上海的联络的政策。

为什么要加强教育领域的联络呢？进行贸易不已足够吗？我确信，这样的观点是不能适应未来的要求的：国际劳务市场向年轻人提出的要求日益增高。全球化、现代化技术、从工业社会转变成信息社会，这都需要新的技能和专业能力。因此，中小学校、高校和职业培训的知识都必须不断予以更新。

为了确保国民在劳务市场上的工作能力，许多国家正在寻求相应的教育计划。中国力求达到高层次的质量标准与生产效率，在这一方面，汉堡可以作为精通培训与进修领域的伙伴向中国提供协助。因为我们拥有高效率的培训制度，并且乐意和我们的中国伙伴分享我们的经验。另一方面，我们也希望加强我们对中国教育制度的了解。

我想列举几项汉堡和上海共同举办的项目。汉堡大学与其国际研究生课程中心、亚洲研究所和上海复旦大学共同从事"国际经贸（中国主题）硕士-MBA双学位项目"的工作。本教育项目具有高等教育水准，明确地以中国为课程主题，增强双方对彼此具有不同经济与法律制度的文化的理解。先进的经济管理培训和必不可少的社会和文化背景知识相得益彰。

汉堡应用科学大学和上海理工大学之间合作紧密，去年十二月，双方合办项目成为第一个获得评估认证的德国专业。其毕业生将获得汉堡应用科学大学和上海理工大学的双重学位。这项学士培养项目既深入且面向应用，学历在中国和德国都予承认。一年德语强化课程及在德国进行的企业实习使中国学生们拥有良好德语知识并且对德国文化与民族特点有更深的了解。我本人出席了第一届毕业生的欢送仪式。

中小学领域也有类似的发展。去年汉堡市和上海市签署的教育合作备忘录树立了雄心勃勃的目标：

——继续促进和扩展学生交流

——推广在汉堡的汉语课程和在上海的德语课程

——更为容易在友好城市进行企业实习

——加强交流教学大纲、教学方法和教材，增强教员进修

德中合作潜力巨大的进修市场是另一个主题领域。中国在这方面的需求是很大的。而备有必需的"中国专业知识"的德方举办机构却为数不多。凯撒旅游集团为中国团体举办专业进修项目为时已久，也是汉堡在这领域最为出名的企业。汉堡大学国际研究生课程中心也提供众多专业进修项目。汉堡其它进修项目承办机构对此也有很大兴趣。在汉堡市政府倡议之下，我们几年来为来自上海的专业与领导人士提供一项培训项目。今年起此项以"青年人才培训项目"（YTT）为名的项目将以双向形式进行，

也就是说，今后汉堡也将派遣实习生前往上海。

　　女士们，先生们，这些都是我们今天可以更深入地分析和讨论的实例。如果这些讨论能够增进现有的合作并且创立新的合作，我将非常高兴。

　　非常谢谢！

*Huang Yefang, stellvertretende Leiterin der Erziehungskommission der Stadt Shanghai*

Sehr geehrter Herr Staatsrat, meine sehr geehrten Damen und Herren,

anlässlich der Teilnahme an dem vom Institut für Asienkunde, der Behörde für Wissenschaft und Gesundheit sowie der Behörde für Bildung und Sport der Stadt Hamburg gemeinsam durchgeführten „Deutsch-Chinesischen Bildungsforum" sind meine Kollegen und ich zu dieser herrlichen Frühlingszeit in die schöne Stadt Hamburg eingeladen worden. An dieser Stelle darf ich mich im Namen der Erziehungskommission der Stadt Shanghai bei den Veranstaltern des Bildungsforums für die freundliche Einladung herzlich bedanken und dem Forum unsere besten Glückwünsche aussprechen.

Seit dem Bestehen der Städtepartnerschaft zwischen Shanghai und Hamburg im Jahr 1986 lässt sich kontinuierlich eine hervorragende Entwicklung des Austausches im Bildungsbereich feststellen. Das Schüleraustausch-Programm befindet sich, nicht zuletzt durch unsere gemeinsamen Anstrengungen, mittlerweile im 19. Jahr reibungsloser Durchführung. Dieses Austauschprogramm hat einen äußerst positiven Beitrag geleistet zur Förderung der Städtepartnerschaftsbeziehung en zwischen Shanghai und Hamburg sowie zur Intensivierung des Austausches und der Verständigung junger Schüler beider Städte – ein großer Gewinn für beide Seiten.

Shanghais Geschichte und Entwicklung sind durch ihre multikulturelle Integration charakterisiert. Um den Anforderungen dieser sich rasant entwickelnden Stadt gerecht zu werden, haben die für Bildung zuständigen Behörden Shanghais begonnen, Deutsch als zweite Fremdsprache probeweise in die Primar- und Sekundar-Stufe einzuführen. Wir sind der Meinung, dass das Erlernen einer Sprache nicht nur Erwerb einer Fähigkeit bedeutet, noch wichtiger ist die Tatsache, dass die Schüler in diesem Sprachlernprozess auch ein Verständnis für die Geschichte und die Kultur dieses Landes bekommen, was im hohen Maße zur Förderung des gegenseitigen Austausches beiträgt. Die überaus positive Resonanz seitens der Hamburger Bildungsbehörde auf dieses Projekt erfüllt uns mit großer Freude. Meine Kollegen werden Ihnen das Projekt im Verlauf des anschließenden Forums im Detail vorstellen.

Nach langjährigem und vielfältigem Austausch auf unterschiedlichen Ebenen im Bildungsbereich haben die zuständigen Bildungsbehörden beider Städte im Mai vergangenen Jahres auf der Basis des Memorandums für den partnerschaftlichen Austausch zwischen Shanghai und Hamburg die Vereinbarung über Austausch und Kooperation im Bildungsbereich offiziell unterzeichnet. Wir hoffen von ganzem Herzen, dass die Zusammenarbeit unserer beiden Städte im Bildungsbereich durch kontinuierliche Verständigungsprozesse und einen ständigen Dialog noch mehr substanzielle Erfolge bringt.

Im Namen der Erziehungskommission der Stadt Shanghai möchte ich Sie nochmals zu der erfolgreichen Durchführung des Forums herzlich beglückwünschen.

Ich danke Ihnen.

## 上海市人民政府教育委员会黄也放副主任

尊敬的部长先生、女士们、先生们：

在这初春时节，我和我的同事们应邀来到美丽的汉堡市参加由汉堡亚洲研究所、汉堡科技卫生局和汉堡教育体育局联合举办的"德中教育论坛"。在此，我谨代表上海市人民政府教育委员会对"论坛"的举行表示热烈的祝贺，同时对主办方的诚挚邀请表示衷心的谢意。

上海和汉堡自1986年正式建立友好城市关系以来，在教育领域的交流一直保持着良好的发展势头。通过我们双方的共同努力，上海和汉堡中学生互访交流项目进入了19个年头，进展平稳顺利，这一项目对增进上海与汉堡友好城市的关系，加强两地年轻学生之间的交流和了解起了非常积极的作用，两地学生都从中获益匪浅。

上海的历史与发展都是以交融世界多元文化为其特色的。为了满足这座城市日新月异发展的需要，上海的教育主管部门在基础教育阶段开始了德语作为第二外语的探索实践。我们认为语言的学习不仅仅是掌握一项技能，更重要的是在学习语言的过程中也是学生对语言国历史文化了解的过程，对促进双方的交流是大有裨益的。令人高兴的是这一项目得到了汉堡教育部门的积极回应。我的同事们将在接下来的论坛期间会就此项目向各位做详细的介绍。

通过多年双方在教育领域多形式、多层次的交流交往，上海和汉堡的教育主管部门在两地市政府友好交流项目备忘录的基础上于去年5月在上海正式签署了教育交流与合作协议书。我们衷心希望通过双方的不断了解和对话，我们两个城市在教育领域的合作能够取得更多实质性的成果。

再次，我代表上海市教育委员会对本次论坛的成功举行表示衷心的祝贺！

谢谢各位！

44

*Prof. Dr. Mao Dali, stellvertretender Leiter des Personalamts der Stadt Shanghai*

Meine Damen und Herren,

es ist mir eine große Ehre, an dem ersten Deutsch-Chinesischen Bildungsforum teilzunehmen. Ich darf Ihnen im Namen des Personalamtes der Stadt Shanghai zur Forumseröffnung herzlich gratulieren.

Shanghais Wirtschaft befindet sich seit den 90er Jahren, insbesondere seit dem Eintritt ins 21. Jahrhundert, in einer rasanten Wachstumsphase. Die Stadt Shanghai hat sich zum Ziel gesetzt, die Stadt zu einer Weltmetropole für Wirtschaft, Finanzen, Handel und Schifffahrt aufzubauen. Die Stadt strebt nach einer schnelleren wissenschaftlichen, technischen und strukturellen Innovation, um eine stetige, gesunde und koordinierte Entwicklung der Volkswirtschaft und der Gesellschaft aufrechtzuerhalten.

Bis 2004 ist das Bruttoinlandsprodukt in Shanghai seit 13 Jahren jährlich kontinuierlich mit zweistelligen Prozentzahlen gewachsen. 2005 wird das Wachstum voraussichtlich ca. 11% betragen. Das Stadtbild ändert sich tagtäglich, die Lebensbedingungen und die Lebensqualität der Bevölkerung haben eine vielfache Verbesserung erfahren. Das Pro-Kopf-Bruttoinlandsprodukt hat bereits 5000 US Dollar überschritten. 2007 wird das Pro-Kopf-Bruttoinlandsprodukt voraussichtlich 7500 US Dollar überschreiten und 8000 US Dollar erreichen. Für eine Stadt, mit einer Einwohnerzahl von ca. 20 Mio., (darunter 14 Mio. dauerhaft ansässige Einwohner sowie ca. 6 Mio. „floating population"), ist dies eine außergewöhnliche Leistung.

Shanghai legt im Zuge der Internationalisierung sehr großen Wert auf eine Intensivierung des Austausches und der Zusammenarbeit mit dem Ausland. Bis 2004 hat Shanghai weltweit bereits mit 61 Städten (Provinzen, Bundesstaaten, Regionen) aus 47 Ländern Städtepartnerschaften geschlossen oder langjährige Austauschbeziehungen aufgebaut. Gerade Hamburg gehört zu den wichtigen internationalen Kooperationspartnern Shanghais. Unsere beiden Städte verbinden gute und traditionsreiche Kooperationsbeziehungen. Im Rahmen des Treffens in herzlicher Atmosphäre der Bürgermeister von Beust und Han Zheng während des

China-Summits *(The Hamburg Summit: China meets Europe)* Ende 2004 haben beide Seiten zahlreiche Abkommen bezüglich der Intensivierung des Austauschs und der Zusammenarbeit in den Bereichen Wirtschaft, Handel, Berufsausbildung, Kultur etc. unterzeichnet. Damit wird die Städtepartnerschaft zwischen Hamburg und Shanghai weiter gefestigt und ein umfassendes Konzept für die Zusammenarbeit und die gemeinsame Entwicklung unserer beiden Städte im neuen Zeitalter erstellt.

Die Stadt Shanghai nähert sich mit großen Schritten dem Ziel einer modernen Weltmetropole. Gemäß dem Leitgedanken des Zentralkomitees, „Human Ressource ist die Ressource Nr.1 ", hat die Stadt konsequent die Strategien „Wissenschaft und Bildung bringen die Stadt zur Blüte" und „Talente bringen die Stadt zur Stärke" verfolgt. Deren Kerngedanke besteht darin, der Stadt in ihrer allseitigen, koordinierten Entwicklung im neuen Zeitalter im ausreichenden Maße hochqualifizierte Fachkräfte zur Verfügung zu stellen, sowie mit Wissen zu unterstützen. Das Personalamt der Stadt Shanghai, als die verantwortliche Behörde für das Personalwesen und die Fach- und Führungskräfte der Stadt, arbeitet seit langem daran, die Stadt als einen Treffpunkt für international erstklassige Fachkräfte zu etablieren. Wir beteiligen uns aktiv am internatonalen Wettbewerb um hochqualifizierte Fachkräfte sowie an internationalen Kooperationen, um unseren Aktionsradius in Bezug auf Personalentwicklung international zu erweitern. Parallel zu den zahlreichen Maßnahmen, die weltweit hochqualifizierte Fachkräfte zum Arbeiten oder zur Unternehmens- gründung nach Shanghai anziehen sollen, wird die Internationalisierung der Ausbildung bzw. der Berufsbildung der lokalen Fachkräfte ständig intensiviert. Zurzeit entsendet Shanghai jährlich ca. 3000 Personen zur Weiterbildung in die USA, nach Kanada, Deutschland, Großbritannien, Australien, Japan sowie in über 20 weitere wichtige Industrieländer. Der Anteil der nach Deutschland entsandten Personen liegt hier über 10%. Ferner haben wir mit unseren Partnerstädten sowie weltweit renommierten Hochschulen und Forschungsinstitutionen mittel- und langfristige Fortbildungsprogramme für hochrangige Fach- und Führungskräfte etabliert, wie beispielsweise das mit dem Senat der Stadt Hamburg gemeinsam entwickelte Austauschprogramm für hohe Verwaltungskräfte und die mit der Wharton School der University of Pennsylvania gemeinsam durchgeführten Fortbildungskurse für hohe Managementkräfte etc.. Die Programme haben alle gute Resultate erzielt und das internationale Niveau der Shanghaier Fach- und Führungskräfte stark verbessert.

Die Expo 2010 wird in Shanghai stattfinden. Um diese Weltausstellung erfolgreich ausrichten zu können, bedarf Shanghai einer großen Zahl an „Expo-Experten" in den Bereichen Ausstellung, Tourismus, Management, Logistik, moderne Dienstleistungen etc. Dafür haben wir spezielle Person alentwicklungskonzepte für die Expo-Fachkräfte erstellt, um die lokalen Fachkräfte stärker zu fördern und die Zusammenarbeit mit internationalen Institutionen weiter auszubauen.

Möge dieses Deutsch-Chinesische Bildungsforum die Zusammenarbeit und den Austausch unserer beiden Städte in den Bereichen Bildung und Berufsausbildung weiter voranbringen und zur weiteren Intensivierung unserer Partnerschaftsbeziehungen beitragen.

Zum Schluss möchte ich die Gelegenheit nutzen, um den Organisatoren des Forums, der Hamburg-Repräsentanz in Shanghai, dem Generalkonsulat der Bundesrepublik Deutschland in Shanghai und allen weiteren beteiligten Institutionen meinen Dank auszusprechen. Ich wünsche dem Forum viel Erfolg!

Ich danke Ihnen.

## 上海市人事局副局长毛大立教授、博士

先生们、女士们：

非常荣幸前来参加首届"德中教育论坛"，我谨代表上海市人事局向论坛开幕表示衷心的祝贺。

20世纪90年代以来，特别是进入21世纪以后，上海经济社会进入快速发展期，上海以建设世界经济、金融、贸易、航运中心之一为目标，加快科技和体制创新，使国民经济和社会保持持续健康协调发展。截至2004年，上海已经实现了GDP连续13年两位数增长，2005年预期增长率为11%左右。城市面貌日新月异，居民生活环境和质量得到大大的提高，人均GDP已经超过5000美元，2007年预计人均GDP将超过7500美元，达到8000美元。对一个拥有近2000万人口（其中常住人口1400万，流动人口约600万）的城市来说，这些都是了不起的成就。

在面向世界的发展过程中，上海非常注重加强对外交流与合作，截至2004年，上海已经与世界上47个国家的61个城市（省、州、区）结成友好城市或建立长期友好交流关系。德国汉堡就是上海的重要国际合作伙伴之一，有着良好的合作关系和历史。2004年下旬，中欧汉堡峰会（The Hamburg Summit—China meets Europe）期间，汉堡市长冯·伯思特与上海市市长韩正亲切会见，双方就加强经济贸易、职业培训以及文化等多方面的交流与合作，签署了一系列协定，进一步巩固了汉堡与上海的友好城市关系，勾画了新时期两地合作和共同发展的蓝图。

正在向现代化国际大都市目标迈进的上海，根据中央提出的"人才资源是第一资源"的指导思想，全面推进"科教兴市"、"人才强市"战略，其核心就是要为上海新时期的全面协调发展提供强有力的人才保障、智力支持。上海市人事局作为上海人事人才工作的主管政府部门，长期致力于把上海建设成为国际优秀人才的荟萃之地。我们积极参与国际人才竞争和合作，拓展人才开发的国际空间，在吸引世界优秀人才以多种形式来上海工作、创业的同时，不断加强本土人才的国际化培训（或职业教育）。目前，上海每年派出3000名左右的人员赴美国、加拿大、德国、英国、澳大利亚、日本等20多个主要发达国家进行培训。其中派往德国培训的要占上海出国培训人员的十分之一多。与此同时，我们与上海的友好城市、世界

著名学府和研究机构联合开发了一批中长期的高级行政管理人员的职业培训项目，例如，与汉堡市政府联合开发的高级行政人员互派培训项目、与美国宾西法尼亚大学沃顿商学院共同举办的高级管理人员培训课程等，都取得了良好的效果，大大提高了上海人才的国际化水平。

2010年的世界博览会将在上海举办，为成功举办此次世博会，上海急需一批"世博人才"，涉及会展、旅游、管理、物流、现代服务业等领域。为此，我们制定了世博人才开发计划，进一步加大对本土人才的开发力度以及与国际机构的合作。我期待此次"德中教育论坛"能够进一步促进两地在教育和职业培训方面的交流与合作，进一步加强汉堡与上海的友好伙伴关系。

最后，我想借此机会向论坛组织者、汉堡驻上海代表处、德国驻上海总领事馆等相关机构表示感谢，并预祝论坛圆满成功。

谢谢大家。

# Vorträge

## 2. Teil: Plenumsvorträge

# 报告

## 第二部分　论坛主题报告

*Dr. Günter Schucher*

**Perspektiven für den Bildungsmarkt China und Herausforderungen für deutsche Bildungsträger**

„China besitzt den größten Bildungsmarkt der Welt. Die Zahl seiner Schüler und Studenten ist mit mehr als 320 Mio. größer als die Bevölkerung der USA und Kanadas", schreibt Wang Xiufang, eine chinesische Wissenschaftlerin, die in Kanada Bildungsträger berät, 2003 in ihrem Buch Education in China. Dieser riesige Markt lockt seit nunmehr fast drei Jahrzehnten Bildungsträger nach China und hat zu einer Vielzahl unterschiedlichster Kooperationen geführt. Aus chinesischer Sicht wurde es mit der Formulierung der „Modernisierungs"-Ziele in den 1970er-Jahren attraktiv, auf das entwickeltere technologische Wissen und die Ausbildungserfahrungen westlicher Bildungseinrichtungen zurückzugreifen, zunächst vornehmlich im Bereich der Berufsbildung. Der Beginn der Wirtschaftsreformen 1978 markiert daher auch die allmähliche Öffnung des Bildungsmarktes. Die folgenden Ausführungen können nur einen schematischen Überblick über den chinesischen Bildungsmarkt geben. Sie skizzieren zunächst das Bildungssystem und die Ziele der Bildungspolitik, machen dann die Rolle transnationaler Bildungskooperationen für die chinesische Regierung deutlich und erläutern abschließend anhand vorhandener Kooperationen, dass Deutschland gegenüber anderen Ländern noch einen erheblichen Nachholbedarf hat.

**Struktur des Bildungssystems und Ziele der Bildungspolitik**

Das formale chinesische Bildungssystem besteht aus vier Stufen, wenn zum primären, sekundären und tertiären Bildungsbereich auch die vorschulische Erziehung hinzugenommen wird. Der Kindergartenbereich wurde in den letzten Jahren ausgeweitet und bot im Jahre 2000 rund 20 Mio. Kindern Platz. Der größte Bereich ist der Grundschulbereich mit 125 Mio. Schülern (6 Schuljahre), es folgt die untere Mittelschule (3 Jahre, 65 Mio. Schüler), dann die 3-jährige obere Mittelschule (28 Mio.) und schließlich der Hochschulbereich (3-5 Jahre bis zum Bachelor) mit 7 Mio. Studenten. Mit den Wirtschaftsreformen, aber erst recht mit dem WTO-Beitritt Chinas 2001 sind die Anforderungen an das chinesische Bildungssystem enorm gestiegen. Eine bessere Bildung gilt als Voraussetzung für das

Erreichen der ehrgeizigen wirtschaftlichen Wachstumsziele und die
Wettbewerbsfähigkeit auf dem globalen Markt; die Regierung will
China zu einer Wissensgesellschaft entwickeln. Zugleich nehmen mit
der Industrialisierung die Anforderungen an die Qualifikation der
Arbeitskräfte kontinuierlich zu, und auch für den Abbau der im Zuge
wirtschaftlicher Strukturreformen gestiegenen Arbeitslosigkeit sind
Qualifizierungsmaßnahmen von großer Bedeutung. Derzeit verfügen nur
4% der formal Beschäftigten über eine höhere technische Fachausbildung,
in Industrieländern sind dies 30-40%.

Die chinesische Regierung hat sich daher hohe Ziele zur quantitativen und
qualitativen Ausweitung der Bildung gesteckt. Sie will den Übergang von
der Elite- zur Massenbildung erreichen, speziell den Hochschulbereich
und die beruflichen Bildung stärken und die Bildungsinhalte auf die
Bedürfnisse der Wirtschaft und des Arbeitsmarktes ausrichten. Unter dem
1995 aufgestellten Motto „Wissenschaft und Bildung bringen das Land zur
Blüte" (ke jiao xing guo) soll schwerpunktmäßig auf der einen Seite die
9-jährige Schulpflicht in ganz China verwirklicht werden. Auf der anderen
Seite sollen Universitäten von Weltrang geschaffen werden.

**Erfolge und Probleme der Bildungspolitik**

Es ist der chinesischen Regierung gelungen, die Zahl der Schüler und
Studenten erheblich auszuweiten, von 1985 bis 2001 stieg diese von 218
Mio. auf 321 Mio. Die Einschulungsquote (Anzahl der Schüler an den
jeweiligen Altersgruppen) stieg von 1990 bis 2002 in der Grundschule
auf 98,5%, in der unteren Mittelschule von 66,7% auf 90% und in der
Hochschule von 3,4% auf 13,3% (das OECD Mittel liegt hier bei 16%).
Die Zahl der Hochschulabsolventen verfünffachte sich von 1990 bis
2004 nahezu auf 2,8 Mio. Dennoch gibt es weiterhin große Probleme.
Um nur einige zu nennen: Obige Zahlen berücksichtigen nicht die
Bildungsabbrecher; nach Schätzungen von Experten haben tatsächlich nur
80% der Kinder bis 15 J. eine Schulbildung. Einen besonderen Engpass
bildet die obere Mittelschule: Ziel war bis 2005 eine Einschulungsquote
von 60%, aber die Kapazitäten scheinen dafür nicht auszureichen (2002
lag sie bei 42,8%). Ein Problem scheint auch die berufliche Bildung zu
sein. Zwar gibt es heute gegenüber 1980 vier Mal so viele Berufschüler,
aber in den letzten Jahren hat sich das Verhältnis der Berufsschulen zu den
allgemeinbildenden Schulen wieder verschlechtert, und Schülerzahlen

wie Ausgaben verzeichnen einen absoluten Rückgang. Hier spiegelt sich das generell größere Ansehen der allgemeinbildenden Schulen und deren öffentliche Bevorzugung wider.

Im internationalen Vergleich ist der Bildungsstand in China, gemessen an den Herausforderungen, mit einem durchschnittlichen Schulbesuch von 7,73 Jahren (2002) noch deutlich zu niedrig. In Japan beträgt er demgegenüber 12,6 Jahre, in den USA 12,7 und in Deutschland 13,4. Mit 5% liegt auch der Anteil der Personen mit Hochschulbildung an der Altersgruppe der 25-64-Jährigen (2001) deutlich unter dem anderer Länder (EU 21%, Japan 34%, USA 37%). Zu den Ursachen für diese Schwächen gehört u.a. die öffentliche Bildungsfinanzierung. Zum einen sind seit der Dezentralisierung des Bildungswesens dessen Ausbau und Ausstattung zu 80% abhängig von der Finanzkraft lokaler Regierungen. Im Ergebnis sind die Investitionen regional sehr ungleich verteilt, die Stadt-Land-Differenz nimmt weiter zu, und auch die Unterschiede von West- zu Ostchina vergrößern sich. Zum anderen konnten die öffentlichen Ausgaben mit der Ausweitung des Bildungswesens nicht Schritt halten: Ihr Anteil am Bruttoinlandsprodukt ist von Anfang der 90er-Jahre mit 2,86% bis 2003 nur auf 3,4% gestiegen (das Ziel liegt bei 4% bis 2007). Damit liegt China nach einer Klassifizierung von UNICEF aus dem Jahr 1991 auf dem Niveau der am wenigsten entwickelten Länder (3,3%).

**Mobilisierung aller Mittel**

Da die staatlichen Mittel nicht ausreichen, wurde die nichtstaatliche Finanzierung ausgeweitet, vor allem durch die Zulassung privater Bildungseinrichtungen und die Eigenbeteiligung bildungsbeflissener Eltern an den Schulkosten. Die private Bildung wurde mit dem „Gesetz zur Förderung privater Bildung" von 2003 der öffentlichen gleichgestellt. Inzwischen gibt es 70.000 private Bildungseinrichtungen (9,6% aller) mit insgesamt 14,16 Mio. Schülern (5,5% aller Schüler). Ein Hochschulstudium in großen Städten kostet derzeit rund 3-6.000 Yuan im Jahr an Gebühren; mit Unterkunft, Lehrmittel etc. belaufen sich die Kosten leicht auf 10.000 Yuan. Welche Belastung chinesische Familien auf sich nehmen, wird deutlich, wenn man bedenkt, dass das durchschnittliche Pro-Kopf-Jahreseinkommen städtischer Haushalte nur bei 8.500 Yuan liegt, das ländlicher Haushalte bei 2.600 Yuan. Im Ergebnis hat der staatliche Anteil an der Bildungsfinanzierung im Laufe der 90er-Jahre bis 2002 von 85% auf 64% abgenommen, der private stieg dagegen auf 36%, womit China laut OECD-Angaben weltweit mit die höchste Quote an nichtstaatlicher Finanzierung von Bildung hat.

Eine weitere Möglichkeit zur Steigerung des Bildungsniveaus unter Schonung öffentlicher Haushalte stellt die Förderung des Auslands-studiums dar. Nachdem dieses anfangs nur geduldet wurde, wird es inzwischen auch von der Regierung massiv gefördert. Seit 1978 gingen über 700.200 chinesische Studenten ins Ausland, davon sind inzwischen 172.800 zurückgekehrt, 356.600 befinden sich noch im Studium oder in der Forschung. Angesichts der letztlich aber bis in die jüngste Zeit enttäuschenden Rückkehrerquote setzt die Regierung verstärkt auf Bildungsaktivitäten chinesischer Hochschulen im Ausland sowie auf transnationale Kooperation in China selbst. Das Motto lautet hier: „Auslandsstudium ohne Verlassen des Landes" (bu chuguo de liuxue). Dabei können die Kooperationen auch virtueller Natur sein. Mehr als die Hälfte aller auswärtigen Studenten in China, Hongkong und Singapur, die australische Bildungseinrichtungen nutzten, waren 2003 in Fernstudienkursen eingeschrieben.

**Transnationale Bildungskooperation**

Nach einer unvollständigen Auflistung des Erziehungsministeriums aus dem Jahre 2003 sind die Aktivitäten im Bereich internationaler Austausch sehr vielfältig und beinhalteten u.a. die folgenden:
• Seit 1978 wurden Kooperationsbeziehungen zu über 160 Ländern geknüpft und über 100 Abkommen (z.B. mit Deutschland über die gegenseitige Anerkennung von Hochschulabschlüssen) geschlossen.
• Groß geschrieben wird der internationale Erfahrungsaustausch; die Zahl der Erziehungskonferenzen, -workshops und –messen nimmt von Jahr zu Jahr zu. Allein die Gesellschaft zur Förderung des Bildungsaustauschs finanzierte 2002 51 Delegationsreisen ins Ausland.
• Gefördert werden Kurzzeitprojekte (z.B. für Hochschulrektoren in Aus-tralien, den USA, Kanada und Großbritannien), Englischlehrerausbildung in den USA oder seit 2003 - zur „Hebung der Regierungskapazität"-Trainingsprogramme für Mitarbeiter aller Regierungsebenen.
• Auch mit dem Schüleraustausch wurde begonnen: 2002 reisten 82 Schülern für 1 Jahr in 17 Länder, 48 weitere für Kurzzeitaufenthalte.

• Zahlreich sind die Abkommen und gemeinsamen Projekte zwischen chinesischen und ausländischen Hochschulen. Allein die deutsche Hochschulrektorenkonferenz listet auf ihrer Homepage 349 Kooperationsprojekte mit China auf, viele betreffen jedoch die gemeinsame Forschung.

Die Errichtung kooperativer Schulprojekte, gemeinsam betriebener Fakultäten sowie Lehr- und Studiengänge wurde im Jahre 2003 mit den „Bestimmungen der VR China über die chinesisch-ausländische Zusammenarbeit beim Betreiben von Schulen" gesetzlich geregelt. Dem Gesetz zufolge müssen ausländische Bildungsträger mit chinesischen Einrichtungen kooperieren. Die chinesische Regierung unterstützt Kooperationen auf allen Ebenen und jeden Typs, besonders im Hochschulbereich und in der Berufsbildung, in neuen und für die Wirtschaft wichtigen Fächern sowie in den weniger entwickelten Westregionen. Tabu sind die 9-jährige Pflichtschule und bestimmte Spezialschulen (Militär, Polizei, politische Bildung) sowie religiöse Schulaktivitäten.

Diesem Gesetz entsprechende kooperative Bildungsprojekte gab es 2002 nach Angaben des chinesischen Bildungsministeriums 712. Zwei Drittel davon wurden in den Städten und Provinzen der Ostküste betrieben, allein in Shanghai 111 und in Beijing 108. Gut die Hälfte betraf den formalen Bildungsbereich, allein 225 den Hochschulbereich. Eine deutliche Sprache spricht auch die Aufteilung nach Fächern: 36% entfallen auf den Bereich Geschäftsführung und Management (z.B. Buchhaltung, Marketing), 19% auf Fremdsprachen, 13% auf Information und Kommunikation (IKT), 10% auf Wirtschaftswissenschaften. Dies entspricht auch anderen Erhebungen, die den chinesischen Bedarf vor allem in den Bereichen Naturwissenschaften, IKT, neue Technologien oder Marketing, Verkauf, Finanz- und Personalwesen sehen. Eine Aufschlüsselung nach Partnerländern zeigt, wie eingangs erwähnt, den deutschen Nachholbedarf: An der Spitze stehen die USA mit 154 und Australien mit 146 Projekten, Japan hat 58, Großbritannien 40 und Frankreich 24; Deutschland ist nur mit 14 Projekten verzeichnet.

Dabei hat die deutsche Bildung, vor allem die Berufsausbildung, durchaus einen guten Ruf in China. Auf diesem Gebiet gibt es bereits seit Beginn der Wirtschaftsreformen gemeinsame Projekte, und es wird zunehmend wichtiger. So sieht der 10. Fünfjahresplan für die Jahre 2001-2005 eine Steigerung der Abschlüsse an Berufsmittelschulen auf insgesamt

22 Mio., der Abschlüsse an Berufshochschulen auf 8 Mio. vor. Pro Jahr soll es außerdem ca. 3 Mio. Umschüler geben. Auch in den übrigen Bildungsbereichen sind die Perspektiven beachtlich: Bis 2008 soll es 60 Mio. Schüler im Sekundarbereich und einen Anstieg der Bildungsbeteiligung im Tertiärbereich auf 20% (25 Mio. Studenten) geben.

Mit anderen Worten: Der chinesische Bildungsmarkt wird auch weiter rasant wachsen.

中国教育市场的前景及其对德国教育项目承办机构的挑战

舒君得博士

"中国拥有全世界最大的教育市场。中国的3.2亿多大、中、小学学生人数超越了美国和加拿大人口的总数。"——在加拿大为教育项目承办机构提供咨询的中国学者王秀芳（译音）在她2003年出版的《中国的教育事业》（Education in China）一书中如此写着。这个庞大的市场近三十年以来吸引各国教育项目承办机构前往中国，举办了众多各种类型的合作项目。中国自在上世纪70年代定下"实现现代化"这一目标以来，便乐于借鉴西方国家教育机构的教育经验及更为先进的技术知识，初时是以职业教育领域为主。因此，1978年中国经济改革的开端同时也标志着中国教育市场的逐渐开放。

以下仅对中国教育市场的大致概况进行阐述。首先是概括地叙述一下中国的教育体制及教育政策的目标。接着将阐明跨国性的教育合作在中国政府心目中所担任的角色。最后将以合作实例来阐释，德国在与中国教育合作这一领域，与其他国家相比确是相形见绌，亟待改进。

## 中国的教育体制与教育政策的目标

中国的教育体制，如将学前教育包括在内，则由学前、初等、中等、高等教育共四阶段所组成。学前教育最近几年经扩展后，在2000年已拥有约2000万人次的招生量。六年制的小学占教育四阶段中最大的部分，共有1.25亿名学生。接着是三年制的初中，共有6500万名学生。其次是三年制的高中，共有2800万名学生。在高等教育阶段共有700万名大学生就读为期三至五年的学士学位。随着经济改革，尤其是2001年中国加入世贸组织，中国对其教育体制的要求日益提高。中国政府旨在将中国发展成为一个知识社会，更为良好的教育状况被视为达到中国雄心勃勃的经济增长目标与加强中国在全球化市场的竞争能力的先决条件。中国经济的工业化导致对其劳工专业技术水平的要求不断提高。专业技术培训措施对降低因经济结构改革而上升的失业率具有重大意义。目前中国仅占4%的从业人员受过较高等的专业技术培训，而在工业国此比率占30%至40%。

因此中国政府在加强教育的质与量两方面均定下了高远的目标。中国政府力图将本国高等教育从精英阶段提升到普及化阶段，尤其是加强高等教育和职业培训，令教育内容面向工商界与劳务市场的需求。1995年定下"科教兴国"的方针，其重点一方面旨在全中国实现九年制的义务教育，另一方面即为创建具有世界一流水平的大学。

## 中国教育政策的成就与面临的问题

中国政府成功地将中、小学生和大学生的总数从1985年的2.18亿显著地提高至2001年的3.21亿。入学率——即在校学生总数与相应年　段人口的比例，小学入学率2002年为98.5%。初中入学率1990年为66.7%，2002年增长为90%。同时期的高等教育入学率从3.4%增长到13.3%。（经济合作与发展组织成员国家平均高校入学率为16%。）2004年高校毕业生总数约达280万人，为1990的五倍。然而仍旧存在着巨大的问题，以下仅举数例。首先，上列数据不包括中断学业者。据专家估计，实际上仅80%　年至15岁的孩童得到学校教育。高中更是瓶颈口——目标是2005年达到60%的高中入学率，但是看来招生量不够（2002年高中入学率为42.8%）。职业培训领域似乎也是一个问题。虽然目前职业学校学生总数是1980年的四倍，但是最近几年，职业学校相对于普通教育学校的比例再次下降。职业学校学生总数和经费支出亦下降。这些现象均反映出公众认为普通教育学校比职业学校享有更好的声誉的概念和官方对普通教育学校的优待。

2002年中国国民平均受教育时间为7.73年。与世界各国相比，尤其是从中国所面临的挑战的角度来看，中国国民的平均教育程度明显过低。相比之下，国民平均受教育时间在日本为12.6年，在美国为12.7年，在德国为13.4年。拥有高等教育程度的国民2001年在中国仅占25-64岁年　段的5%，明显的低于其他国家（欧洲联盟21%，日本34%，美国37%）。

教育经费来自公共财政是中国教育事业不足的原因之一。一方面，自中国教育事业的管辖权分散之后，扩展教育事业及扩建教育设施的经费

80%依赖于各地方政府的财力。因此教育投资在全国各地分布得很不平，不仅城乡之间的差距进一步地扩大，中国西部与东部之间的差异也在增。另一方面，公共教育经费未能与教育事业平行增长。公共教育经费占国内

生产总值比重从90年代初期至2003年仅从2.86% 增长至 3.4% （目标是在2007年达到4%）。按照联合国儿童基金会（UNICEF）1991年的标准，中国属于最低发展国家的行列（3.3%）。

## 动员所有财源

公共经费不足的状况导致非公共性经费提高。非公共性经费主要来自于热衷于教育的家长们所承担的学费部分，及允许设立民办教育机构。2003年实施的《中华人民共和国民办教育促进法》将民办教育和公办教育列为同等。至今有1416万名学生（占学生总数的5.5%）在七万所民办教育机构 （占教育机构总数的9.6%）求学。中国大城市高校每年学费目前约3000至6000元人民币。如包括住宿和学习用品等，一年费用轻易地会达到一万元。而城市居民平均年收入仅8500元左右，乡村居民平均年收入约2600元。教育费用负担的沉重由此可见一斑。结果是：90年代至2002年，公共教育经费的比例从85%降为64%，而非公共性经费比例则升至36%。按照经济合作与发展组织（OECD）数据所显示，非公共性教育经费所占比例之高，中国列全世界之首。

励大学生赴海外留学是另一条不增加公共财政负荷而能提高教育程度的途径。起初中国政府对留学仅持容忍态度，现则已转为大力促进。自1978年以来，共有700200余名中国大学生前往外国留学。其中至今已有172800人回国，356600人仍在国外继续学业或从事科研。面对至今仍是令人失望的留学生回归率，中国政府加强中国高校在国外的教育活动及在国内进行的跨国教育合作，为此提倡"不出国的留学"。合作也以网络形式进行。例如2003年求学于澳大利亚教育机构的中国、香港和新加坡大学生一半以上注册于函授课程。

跨国教育合作

据中国教育部2003年一项不详尽的列表所显示，国际性的交流是多层次、多形式的，例如：

- 自1978年以来，中国已与160多国家建立了合作关系并签署了100多项协约（例如与德国签署的互相承认高等教育学历的协定）。

- 注重国际经验交流教育专题会、教育研习会和博览会逐年增多。仅教育交流促进会2002年出资派遣了51个代表团前往外国考察。

- 促进短期性项目（例如为大学校长在澳大利亚，美国，加拿大和英国举办的研修项目），在美国举办的英语教师培训项目，或从2003年起为提高各层次政府工作人员的专业能力而举办的培训项目。

- 学生的互访交流也已开始：2002年有82名中国学生分别前往17个国家逗留一年，另有48名学生短期在外国逗留。

- 中国和外国高校之间的协议与合作项目为数众多。仅德国大学校长联席会的网络主页已列出349项德中合作项目，虽然其中多项是科研合作项目。

设立教育合作项目，合办高校系院及专业与课程均按2003年实施的《中华人民共和国中外合作办学条例》所规范。按此条例规定，外国教育项目承办机构必须与中方机构合作。中国政府支持各层次，各类型的合作，尤其是在高等教育与职业教育领域的合作，有关新兴学科和对工商界重要的经济学科及在发展状况较差的中国西部的合作。而九年制义务教育及某些专门学校 （如军事，公安，政治教育）与宗教教育活动是禁止外国教育项目承办机构参与的。

按照中国教育部报告，2002年已有712项教育项目符合此条例。其中三分之二是在东部沿海省份及城市进行的，仅在上海已有111项，在北京108项。学历教育合作项目约占合作项目总数的一半，仅高等教育合作项目已有225项。按学科分类也颇能说明问题：工商管理学科（如会计，营销）占36%，外语学科占19%，信息通讯学科占13%，经济学科占10%。这符合其他调查结果，即中国主要需求是在自然科学、信息通讯技术、新兴技术与营销、销售、金融、人事管理等领域。按各合作国家分类的表显示：位居最前列的是美国和澳大利亚，分别与中国有154项和146项合作项目，日本58项，英国40项，法国24项，而德国与中国仅有14项合作项目。如同前，这些数据显示了，德国与其他国家相比相形见绌，亟待改进。

　　德国教育，尤其是德国的职业教育，在中国享有绝对良好的声誉。中德在职业教育领域自经济改革开始已有共同的合作项目。而在这一领域的合作也日益重要。为2001年至2005年制定的中国第十个五年计划拟定了职业中学毕业生将增长至2200万，职业高校毕业生增长至800万。此外每年将有300万转业培训生。其它教育领域的前景也是非常可观：截至2008年，中学生总数将达6000万，高等教育受学率将上升为20%（即2500万大学生）。

　　换言之，中国的教育市场将继续飞速增长。

*Axel Kersten*

**Education and further Training Requirements for the Chinese Market from the Perspective of a Global Company**

SAP is a global company in a global economy and currently faces substantial headcount growth in countries like China and India. In this presentation, I would like to show how the requirements for SAP with regard to recruiting new employees and to educating and training existing employees have evolved in the past years. Furthermore, I will describe how SAP responds to these demands internally and externally and how higher education institutions like the ICGS in Hamburg could support those efforts.

**SAP Today**

Founded in 1972, SAP is the recognized leader in providing collaborative business solutions for all types of industries and for every major market. With 12 million users, 96,400 installations, and more than 1,500 partners, SAP is the world's largest inter-enterprise software company and the world's third-largest independent software supplier overall. SAP has a rich history of innovation and growth that has made it a true industry leader. Today, SAP employs more than 32,000 people in more than 50 countries. Our professionals are dedicated to providing high-level customer support and services. The global headcount increases at SAP in 2004 are illustrated in figure 1.

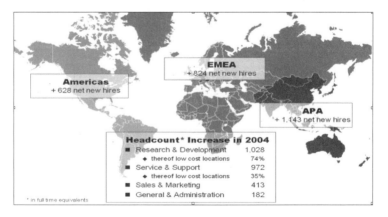

Figure 1: SAP's Worldwide Headcount* Increase in 2004

## SAP Labs in China

Having started ITS development in 1997, SAP Labs China was officially established in November 2003 and is one of three subsidiaries of SAP in China (see figure 2). It has developed into one of the largest SAP Labs, and is one of the fastest growing SAP subsidiaries, with more than 200 employees from all over the world. As an integral part of the SAP development network, SAP Labs China devotes itself to creating innovative and comprehensive business software solutions for the global, APA regional and the local Chinese market. SAP Labs China engages in the complete R&D lifecycle to provide enterprise solutions that focus on Small and Midsize Businesses, SAP Best Practices, Linux Solution, Supply Chain Management and Manufacturing related solutions. SAP Labs China also focuses on Strategic Research & Development, Business Process Renovation, mySAP ERP Financials and mySAP ERP Human Capital Management, among others. With the on-going constructing of the brand-new SAP Labs China campus located in Shanghai Pudong Software Park, SAP Labs China will further strengthen its commitment to the regional and local market, and its position of a world class R&D center, while growing to 350 to 400 employees in 2005 with a target of around 1500 in 2009.

With its outstanding IT workforce, seasoned industry experts and a highly experienced management team, SAP Labs China excels in an unmatched position among global and local R&D centers, especially in the business software industry. Through its considerable efforts on research, continuous learning, innovation, and investment in human resources and technology, SAP Labs China is planning to ensure its promising future.

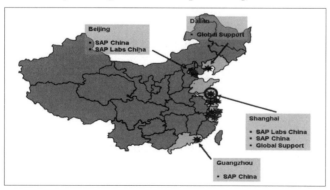

Figure 2: Locations and Subsidiaries of SAP in China

**Further Education and Recruiting Demands**
But there are certain requirements to be met in order to reach those targets. For example, crucial for the constant improvement of business software are creativity and innovation. And creativity and innovation are driven by motivated employees, who are the most valuable assets of a software provider. Hence, there is a high demand for professional talent development for companies like SAP. This is true in general, but for a multicultural environment and for a German company trying to expand in distant and unknown China even more so.

SAP was always known for investing in developing and recruiting talented young people and to help all employees to develop their skills and competencies. For the challenge to build and develop bicultural (and often "virtual") teams in China and Germany, things are more complicated, however. For employees involved in this task, SAP employees especially need competencies like strong customer focus and teamwork as well as language skills and intercultural sensitivity. Other competencies like creativity and innovation, drive for results, networking and presentation skills, planning and strategic business focus are also important. On a management level, teambuilding and people development are crucial. Through a variety of classroom and virtual trainings usually offered by the SAP University and its training partners, SAP manages to keep a high level of skills and competencies among its employees. Additional options for preparing people for working in these projects could be:
- International Mentor Program – a Chinese colleague receives a mentor in Germany and vice versa
- "International cooperation" workshop (e-learning): Several short programs of approximately 30 minutes presented in an entertaining way with relevant examples on specific challenges related to internal cooperation
- Short-term exchanges between Germany and China (1 to 3 month) without producing high costs (job rotations, possibly in cooperation with partner companies)

But SAP cannot provide all the experience and trainings necessary for projects such as the ones in China alone. To reach its goals, SAP needs strong partners.

The main requirements from an SAP perspective are a friendly and energetic "wind of cooperation" in Chinese-German political and economical relations and service providers which offer specific Chinese-German training and education modules.

**The ICGS Approach**
The International Center for Graduate Studies (ICGS) at the University of Hamburg was established to foster excellent international education, research and training and to develop related service concepts. In close cooperation with the University's departments and institutes as well as with selected research institutions ICGS offers study and training programs for graduate students, young professionals and executives from all over the world.

ICGS provides its students with a large variety of facilities: intensive counseling and tutoring in all program areas, an in-house TestDaF accredited language training program, career service, accommodation and formalities services. Institutional partners within the University or within the context of internationally oriented research institutions benefit from ICGS' research and science related services, especially in the areas of project development, program management, program marketing and international recruitment.

These features are generally quite interesting for SAP on its search for recruiting and developing talents for the upcoming projects in China. Of particular interest are ICGS programs like the professional seminars, the International Executive & Expert Trainings (IET), the Graduate programs for young professionals (e.g. Master/MBA of International Business and Economics (MIBE) - China Focus ), the Young Talent Training (YTT) and last but not least events such as the German-Chinese Education Forum.

**Summary**
Manifold opportunities - but also challenges - wait for companies and education institutions in German-Chinese cooperation. Programs like those offered by ICGS should help companies like SAP and other German and Chinese companies in their recruiting and professional development efforts. We need more of them...

*Special thanks go to Jonathan Hillebrand for his support in preparing this article.*

*Prof. Dr. Zhang Jianwei*

## Attraktivität des Bildungsstandorts Deutschland aus chinesischer Sicht

Ich komme in meinem Vortrag zuerst auf meinen persönlichen Werdegang im chinesischen und deutschen Bildungssystem zu sprechen, um dann allgemeiner auf die Vorteile des Bildungsstandorts Deutschland sowie die aktuelle Entwicklung im chinesischen Bildungswesen zu sprechen zu kommen. Ich schließe mit einer Zusammenfassung der angesprochenen Inhalte.

Von 1981-1989 studierte ich Informatik an der Tsinghua Universität in Beijing. In Deutschland promovierte ich von 1990-1994 als wissenschaftlicher Mitarbeiter an der Universität Karlsruhe. Danach wechselte ich an die Universität Bielefeld, wo ich von 1994 bis 2002 in der AG Technische Informatik der Technischen Fakultät zuerst als wissenschaftlicher Assistent, dann als Professor arbeitete. Schließlich folgte ich 2002 dem Ruf an die Universität Hamburg, wo ich seitdem den Arbeitsbereich „Technische Aspekte Multimodaler Systeme" am Fachbereich Informatik leite. Die Schwerpunkte des AB TAMS liegen in den Bereichen des Entwurfs integrierter Schaltungen, der Robotik, der Nanomanipulation und des E-Learning.

Unser Hauptschwerpunkt liegt auf der Robotik. Intelligente Service-Roboter kann man als eines der wichtigsten Medien der Zukunft betrachten, und es ist absehbar, dass sie in unserem Alltag in Zukunft immer wichtiger werden. Daher untersuchen wir, wie multimodale Informationen von Robotern verarbeitet werden und wie diese zusammenwirken. Das Handhaben von winzigen Objekten im Nanobereich ist eine Herausforderung der Zukunft, z.B. in der Medizin oder der Biologie. Hierfür gibt es inzwischen Geräte, die die normalen Bewegungen des Benutzers in den Nanobereich umsetzen und so eine Art übertragenes „Anfassen" mikroskopisch kleiner Objekte ermöglichen. Wir entwickeln Software für diese Nanomanipulatoren, die die Nanomanipulation ver-einfachen und automatisieren soll. Schließlich arbeiten wir daran, auch das Lernen selber mit Unterstützung der Informatik in die Zukunft zu führen, nämlich durch Entwicklung von Programmen für das sog. „E-Learning".

Neben der Universität Hamburg gehöre ich auch der CASD an, der 2002 gegründeten Vereinigung chinesischer Akademiker und Studentischer Gesellschaften in Deutschland. Diese besteht aus 8 bundesweiten Fachvereinen und über 70 lokalen Vereinen, deren Mitglieder von Studenten bis zu ausgebildeten Wissenschaftlern aus allen Ebenen des akademischen Lebens kommen. Ziel des CASD ist die Förderung und Vertretung dieser Akademiker in Deutschland sowie die Kommunikation mit deutschen Wissenschaftlern und Bildungseinrichtungen sowie der Aufbau und die Pflege der internationalen wissenschaftlichen Zusammenarbeit.

Ich komme nun zu den Vorteilen, die Deutschland als Bildungsstandort zu bieten hat und die es für China attraktiv machen. Deutschland ist der stärkste Motor der europäischen Wirtschaft und eine der wichtigsten Stimmen in der Politik der EU. Seine soziale Marktwirtschaft kann, bei allen Problemen, vielen anderen Ländern als Vorbild dienen. Deutschland steht weiterhin für die Entwicklung und den Export solider Technologien und einer hochwertigen Industrieproduktion, die die Qualität und die fachliche Qualifikation ihrer Arbeitskräfte bei allen Preiskämpfen im Auge behält. Auch die Verwaltung in Kommunen und Unternehmen ist trotz aller oft beklagten Bürokratie hocheffizient und kann sich im internationalen Vergleich sehen lassen. Dies alles findet vor dem Hintergrund einer langen kulturellen und humanistischen Tradition sowie einer langen und erfolgreichen Förderung der Naturwissen-schaften statt. Auch wenn die Frage nach der Finanzierbarkeit und der praktischen Umsetzung dieser Traditionen neu gestellt werden muss, sind sie auch heute noch ein wichtiger Teil des geistigen Erbes dieses Landes und sollten unbedingt erhalten bleiben. Nur durch sie ist die Kultur individueller Kreativität und Innovation möglich, die den Erfolg dieses Landes ausmachen.

Vor allem der deutsche Bildungsstandort hat chinesischen angehenden Wissenschaftlern viel zu bieten. Neben dem internationalen Niveau vieler Abschlüsse sind im Gegensatz zu Ländern mit einer Handvoll Elite-Unis die Bildungsressourcen flächendeckender und homogener verteilt und der Standard einheitlicher. Die Bildungstradition Alexander von Humboldts ist und bleibt eine gültige internationale Richtlinie für Forschung und Lehre. Dies alles wird eingerahmt von den guten aktuellen Beziehungen zwischen Deutschland und China: Differenzen werden zunehmend abgebaut, die wirtschaftliche Zusammenarbeit war nie intensiver. Dies beweist vor allem das Beispiel Hamburgs mit seinen engen Verknüpfungen nach Shanghai, die auf langjährigen Handelsbeziehungen zwischen den beiden Ländern bis ins 21. Jahrhundert aufbauen. Daraus ergeben sich für Chinesen sowie Deutsche gute Aussichten auf eine berufliche Zukunft in den florierenden chinesisch-deutschen Unternehmen und bei Großprojekten. Und schließlich und endlich ist Bildung in Deutschland noch ein überwiegend freies Gut, und auch die voraussichtlichen Gebühren werden sich im Rahmen halten. Dies alles sind gute Gründe für chinesische Studenten und Wissenschaftler, sich für Deutschland zu entscheiden.

Die durch den Bologna Prozess angestrebte intensivierte Internationalisierung kann durch eine vermehrte Präsenz chinesischer Studen-ten zur Realität werden. Die aktuelle Einführung der Bachelor/Masterstudiengänge an deutschen Hochschulen trägt zur Globalisierung und Internationalisierung deutscher Studiengänge bei. Die durch den Bologna-Prozess angestoßene Schaffung eines europäischen Bildungsraumes macht das Land offener für internationale Zusammenarbeit auch über europäische Grenzen hinaus. Die durch die Reformen angestrebte Verkürzung der Studienzeit erhöht die Attraktivität Deutschlands für ausländische Studierende erheblich und gleicht auch für deutsche Absolventen, die ins Ausland gehen möchten, einen entscheidenden bisherigen Wettbewerbsnachteil aus. Der deutsch-chinesische Studentenaustausch kann von diesen Maßnahmen profitieren. Durch die mögliche Anerkennung des deutschen Bachelors in Großbritannien oder Nordamerika bietet sich deutschen wie chinesischen Studenten die Möglichkeit einer internationalen Karriere. Chinesische Studenten könnten durch den neuen Bachelor/Masteraufbau auch einfacher aus dem chinesischen Bildungssystem nach Deutschland wechseln.

Ich komme nun zu einigen Beispielen für die positive Bildungtradition Chinas, von denen die deutsche geistige Tradition profitieren könnte. Da gibt es Vordenker wie Cai Yuan-Pei, der von 1868-1940 lebte und ein Pionier der chinesischen Hochschulbildung war. Er führte die Idee von der Demokratie in der Wissenschaft ein und war von 1916-1926 Präsident der Beijing-Universität. Ihm folgten Wissenschaftler von Weltklasse wie der herausragende Mathematiker Chen Xing-Shen, der schon in den 1930ern eine internationale Karriere verfolgte und 1935 einen Doktor-Titel der Universität Hamburg erhielt. In den letzten Jahren gibt es auch zahlreiche erstklassige, weltoffene chinesische Wissenschaftler, die sich in Deutschland weitergebildet haben.

Die chinesisch-deutsche Kooperation in der Forschung und Bildung ist bei weitem nicht nur ein Zukunftsprojekt, sie findet jetzt schon statt: Es gibt 25.000 chinesische Studenten in Deutschland und bereits 348 chinesisch-deutsche universitäre Kooperationen mit steigender Tendenz. Die Qualität der Studierenden bessert sich hierbei zusehends (Höchste Annahmequote im Bereich der Humboldt-Stipendien). Natürlich gibt es auch Schwierigkeiten, die noch überwunden werden müssen. Da ist zum einen das Sprachproblem, denn es ist nicht einfach für Chinesen, Deutsch zu lernen, was den Einstieg in ein deutsches Studium natürlich erschwert. Außerdem ist es am Anfang eine große Umstellung, in einen so unterschiedlichen Kulturkreis mit einem fremden Lebensstil einzutauchen und ein anders aufgebautes Studium aufzunehmen, als man es von zu Hause kennt. Hinzu kommen noch die ganz pragmatischen Hindernisse bei der Anerkennung der chinesischen akademischen Grade. Dies sind jedoch Schwierigkeiten, die überwunden werden können.

Ich möchte Ihnen nun kurz den chinesischen Bildungsmarkt vorstellen. Es ist zahlenmäßig der größte der Welt. Chinesische Jugendliche sind durch die extrem hohe Erwartung der Eltern an die Leistungen ihrer Kinder und die hohe Finanzierungsbereitschaft der Eltern sehr motiviert, ein Studium aufzunehmen und schnell und erfolgreich abzuschließen. Dies setzt sich bei den bereits Berufstätigen fort, die sehr offen für Weiterbildungsangebote sind, um ihre Qualifikation zu perfektionieren und zu aktualisieren (das sog. „Aufladen", wie wir in China sagen.)

In China träumt man nun von der Einrichtung von Weltklasse-Universitäten. Dies beinhaltet natürlich auch eine Internationalisierung von Forschung und Lehre der chinesischen Bildungsinstitutionen. Dementsprechend gibt es im Moment einen starken Trend, - den zweiten seit Anfang der 80er Jahre - junge Chinesen zur Aus- und Weiterbildung ins Ausland zu schicken. Die staatliche Bildungspolitik ist vollkommen auf ein Erreichen der genannten Ziele in der Bildung und in der Technologie ausgerichtet. Sie wird immer weiter ausgedehnt und vervollständigt, so werden z.B. talentierte Jugendliche aus finanziell benachteiligten Familien mit Stipendien gefördert.

Ich fasse noch einmal die Möglichkeiten und Vorteile des Bildungs-
standortes Deutschland aus chinesischer Sicht zusammen: Durch die Internationalisierung deutscher Hochschulen ergeben sich für chinesische Studenten
verbesserte Randbedingungen. Die Qualität der Doktorandenausbildung
kann durch deutsch-chinesische Graduiertenkollegs zunehmend interna-
tionalisiert und verbessert werden. Und chinesische Berufstätige in
Deutschland würden Weiterbildungsangebote zu ihrem eigenen Vorteil
und dem ihrer Arbeitgeber umfassend nutzen. Sowohl Deutschland
als auch China könnten von dieser Zusammenarbeit im besten Sinne
erheblich profitieren.

# 从中国人的视角看德国的教育优势

## 张建伟教授、博士

我在演讲中首先将介绍本人在中国和在德国的学术履历。接着将归纳性地谈论一下德国的教育优势及中国教育事业当前发展状况。最后我将总结演讲所谈内容。

从1981年至1989年，我在北京清华大学攻读信息学。在德国，我从1990年到1994年在卡尔斯　厄大学担任助教并获得博士学位。随后我转入比勒费尔德大学，从1994年至2002年，我在该校理工系的技术信息所先后担任副教授，教授职务。在2002年我接受汉堡大学聘请，领导汉堡大学信息系"多模式系统技术研究所"一直至今。多模式系统技术研究所的重点研究领域是集成电路设计、机器人学、纳米操纵及网络教育。

我们的首要研究重点是机器人学。智能服务机器人可视为未来最重要的工具之一，可以预料，他们在我们未来日常生活中将日益重要。因此，我们从事机器人是如何处理多模式信息及他们是如何共同运作的调查研。在纳米尺度范围内操纵微型物体是我们未来面临的挑战，例如在医学或生物领域。现在已有器械能将使用者普通的动作转为纳米尺度范围的动作，可以"触摸"小得用显微镜才能看见的物体。我们编制这类纳米操纵器械的软件，使纳米操纵更为简单和自动化。最后要提及的是，我们正在从事"网络教育"有关程序的编写工作，使信息学为学习所用，致力于将学习引到未来。－

我除了是汉堡大学的成员之外，也是成立于2002年的中国留德学者学生团体联合会（CASD）的成员。此联合会由八个全联邦德国性的专业协会和70余个地区性的协会组成，其会员从大学生到科学家均来自于学术界各个阶层。中国留德学者学生团体联合会的目标是代表和维护留德学者和学生的权益，促进他们与德国科学家及教育机构的交流，建立和促进国际性的科学合作。

现在我讲一下德国的教育优势及其对中国的吸引力。德国是欧洲经济最为强大的动力，其政治影响力在欧洲联盟举足轻重。德国的社会市场经济制度虽然是有问题，仍堪作为他国之典范。德国还以开发和出口可靠的技术及优质的工业产品而著名，面临严峻的价格竞争仍力求产品质量与员工的专业水准。德国地方政府和企业的行政作风虽然常受埋怨被称为是官僚主义，而他们的工作效率极高，经得起国际比较。所有这一切均是在德国悠久的文化和人文传统及其对自然科学长期卓有成效的促进的背景下而形成的。虽然这些传统理念的具体实施及能否负荷其所需经费的问题有待重新商酌，而他们当今仍是德国精神遗产重要的一部分，是绝对必须保存的。由于这些传统才会有富有个人创新与创造力的文化，而这正是德国成功的关键。

尤其是德国的教育领域可向中国未来的科学家提供很多机会。除了众多高校文凭具有国际水平之外，德国的教育资源——与某些仅拥有数所名校的国家相反，较均衡地分布于全国各地，教育水准更为一致。亚历山大·冯·洪堡的教育传统不仅现在，将来仍是国际公认的科研与教学的准绳。这一切还由当前德中非常良好的关系所衬托：双方的意见分歧正不断在消除，经济合作从未有如此深入。直至21世纪，汉堡与上海建立在两国长久的贸易关系上的紧密联系便是例证。由此为中国人和德国人在蓬勃发展的中德企业和大型项目造就了美好的事业前景。最后要说的是，教育在德国绝大部分仍旧是免费的，计划将收取的学费预计也不会很高。这一切都是使中国大学生和科学家决定前往德国的充分理由。

博洛尼亚进程所力求的增强国际化，可以通过更多中国留学生到德国深造而成为现实。德国高校目前引进学士与硕士学位的专业的措施有利于德国大学专业的国际化和全球化。博洛尼亚进程促发创立一个欧洲大教育区，这使德国不仅更面向欧洲，也更向国际性的合作开放。改革力求缩短大学学习时间，这明显将加强德国对外国留学生的吸引力，而也为欲赴外国的德国高校毕业生消除了一个迄今为止甚为关键的竞争弱点。这些措施会有利于德中大学生交流。德中大学生都因德国学士学历有可能在英国或北美洲获予承认，而有机会开展国际性的职业前程。新的学士与硕士专业设置可使中国留学生更容易从中国的教育制度转入德国制度。

现在我要举一些也许有益于德国精神传统的中国优良教育传统的例。就如生于1868年，亡于1940年的思想家蔡元培——中国高等教育的一位先驱。从1916年至1926年身为北京大学的校长，是他引进了科学民主的理。随他之后有举世闻名的科学家如杰出的数学家陈省身。他在上世纪三十年代就在追求国际性的职业前程，并在1935年获得了汉堡大学的博士头衔。最近几年也有众多卓越的，面向世界的中国科学家是在德国深造的。

中德在科研和教育领域的合作绝对不是未来的项目，而是现在就在进行着。目前在德国有25000名中国留学生，中德高校已建立了348项校际合作项目，发展显上升趋势。大学生的素质在此情况下明显地提高了（洪堡奖学金得主比例最高）。

自然也存在着必须克服的困难。一是语言问题，学习德语对中国人来说不是一件容易的事，这当然给在德国高校初期的学习增加困难。此外，突然进入一个生活方式陌生的，如此不同的文化环境，开始与在中国所熟悉的设置不一样的学业都意味着巨大的转变。另外还有申请认定中国学历时会遇到的具体障碍。但这都是可以克服的困难。

现在我想向各位简短地介绍一下中国的教育市场。中国的教育市场的规模是全世界最大的。由于中国的父母们对其子女的成绩期望极大，同时也极其愿意承担所需费用，所以中国的青少年非常积极主动地要进入大学学习，并迅捷和成功地结束学业。在职人员也一样。为了使专业能力更为完善和达到最新水平，他们非常乐意参加进修项目。（在中国我们将这称为"充电"）

建立世界一流的大学是中国目前所梦寐以求的，这当然也包括了中国教育机构科研和教学的国际化。因此继80年代初之后，目前再次非常盛行派遣中国青年前往外国留学和进修。国家教育政策完全是针对达到教育和技术目标而定，并不断在扩展和日臻完善，例如向来自经济能力差的家庭而有天赋的的青少年资助奖学金。

我再总结一下从中国人的视角所看到的德国教育的优势和其蕴藏的机遇。德国高校的国际化改善了中国留学生的学习框架条件。德中合办的研究生院可以使博士生培养更为国际化并提高质量。在德的中国在职人员会广泛参加各类进修项目，而有利于本人及雇主。德国和中国真正能从双方合作中获益匪浅。

*Dr. Marcus Hernig*

## Interkulturelle und sprachliche Rahmenbedingungen deutsch-chinesischer Kooperation

### 1. Zwei Formen bilateraler Bildungskooperation: der internationale und der interkulturelle Weg

Chinesisch-deutsche Bildungskooperationen in Shanghai beginnen bei der erfolgreichen Zusammenarbeit des Kindergartens der Tongji-Universität mit dem der Deutschen Schule Shanghai in Form einer „Kongfu"-AG und enden (noch lange nicht) bei Roundtable-Meetings von Biowissenschaftlern im Shanghai Institute of Advanced Studies. Das Feld, mit dem wir es zu tun haben, ist also ausgesprochen umfangreich, komplex – unüberschaubar. Wenn man vor „lauter Bäumen den Wald nicht mehr sieht" und dieser Wald dazu noch unkontrolliert über seine stets variablen Grenzen hinauswuchert, kann man sich nur insofern orientieren, als dass man versucht, natürliche Wege in diesem Wald zu suchen – denn die sind vorhanden. Sie lassen sich grob klassifizieren als zwei Typen: als internationale und als interkulturelle Wege.

Internationale Bildungskooperationen sind dadurch gekennzeichnet, dass im Mittelpunkt des Austauschinteresses ein „Inhalt" steht, den man in bestmöglicher Qualität an einem prinzipiell beliebigen Ort der Welt erhalten möchte. Besonders typische Beispiele für internationale Bildungskooperationen sind Formen des wissenschaftlichen Austausches zum Beispiel im Bereich der Grundlagenforschung. Ob diese besten Forschungsbedingungen nun in der afrikanischen Subsahara, in Peking oder an der Harvard-Universität in Cambridge/Mass. zu erhalten sind, ist nur von untergeordneter Bedeutung oder sogar bedeutungslos. Kommen chinesische Spitzenphysiker an das DESY in Hamburg, so tun sie das wegen der hier gebotenen exzellenten Forschungsbedingungen und nicht, weil sie auf Spuren von Brahms gut ausgebildet in der deutschen Sprache durch die Stadt wandern möchten.

Der zweite Typ von Bildungskooperationen ist der interkulturelle. Hier stehen das WO? der Kooperation an erster Stelle und die Tatsache, dass der Partner eine deutsche oder eine chinesische Institution ist, und die

Möglichkeit, chinesische bzw. deutsche Kultur zu erfahren, ist wichtiger als die rein fachliche Qualität, die – wenn sie denn von großer Bedeutung ist – oft mit der Kultur des jeweiligen Gegenübers verbunden wird. Hieraus ergeben sich vielfältige Anforderungen an die Vermittlung der jeweiligen Partnersprache und kulturellen Inhalte: Organisation von Chinesisch-respektive Deutschunterricht für unterschiedliche Zielgruppen passend für unterschiedliche Projekte der Bildungskooperation. Dazu gehören Sprachkurse vom intensiven wie vom extensiven Typ, interkulturelle Trainings, Seminare, landeskundliche Vermittlung und vor allem Reisen zum Zwecke kultureller Erfahrung.

Ich nehme an, dass die meisten Bildungskooperationen zwischen chinesischen und deutschen Institutionen diesem Typus angehören, ohne dies statistisch verifizieren zu können. Der Grund meiner Annahme ist, dass sowohl für Chinesen als auch für Deutsche die englischsprachige Welt immer noch erste Wahl des internationalen Bildungsaustausches ist und weiterhin sein wird.

## 2. Beispiele internationaler und interkultureller Bildungskooperation in Shanghai

Bevor ich den interkulturellen Weg durch den Wald der Bildungs-kooperationen einschlage, möchte ich kurz auf ein internationales Kooperationsmodell hinweisen, das sehr offen auch für Formen des interkulturellen Austausches ist: Die Kooperation zwischen dem Bereich Biowissenschaften der Chinesischen Akademie der Wissenschaften und der Max-Planck-Gesellschaft in der Yueyang Lu, präsent im Shanghai Institute for Advanced Studies mit regelmäßigen Roundtable-Gesprächen zu wissenschaftlichen Themen der Zeit, offen für Teilnehmer aller Fachbereiche weltweit. Notwendigerweise ist Englisch Lingua franca des Austausches. Das SIAS ist trotz seiner betont internationalen Ausrichtung auch und gerade offen für interkulturelle Kooperation. Gemeinsam mit der Abteilung Kultur und Bildung des Deutschen Generalkonsulats wird beispielsweise ein Workshop „Kreativ schreiben – auf Deutsch" mit dem Thema „Von den Deutschen" und dem Schriftsteller Georg Klein dort im Mai stattfinden. Deutsche Kultur und Sprache tragen in diesem Fall zum international reichhaltigen Gesicht eines Kooperationsmodells bei.

Konzentrieren wir uns nun hauptsächlich auf interkulturelle Formen von Bildungskooperation, wie sie derzeit in Hamburgs chinesischer Partnerstadt anzutreffen sind. Aus dem Bereich Hochschulkooperationen sind, unter vielen anderen, zwei seit 1998 bestehende Großprojekte zu nennen:

• Das Chinesisch-Deutsche Hochschulkolleg der Tongji-Universität Shanghai

• Das Joint-College Hamburg-Shanghai zwischen der Hochschule für Angewandte Wissenschaften Hamburg und der Shanghai University of Science and Technology

Beide Einrichtungen sind chinesisch-deutsche partnerschaftliche Institutionen, gefördert mit Mitteln des DAAD und der Wirtschaft. Beide bilden Wirtschafts- und Ingenieurswissenschaftler aus, und in beiden Fällen sind Deutschkenntnisse Voraussetzung für den Studienerfolg. Deutschunterricht ist fester Bestandteil des Lehrplans. Im Falle des CDHK sind sowohl intensive Formen des Deutschunterrichts Pflichtveranstaltung für die Studierenden, als auch extensive Lehrveranstaltungen zu Sprache und Kultur im Hauptstudium. In einem weitgehend von chinesischer Lehrmethodik dominierten Fachunterricht bilden an beiden Institutionen Veranstaltungen zu Sprache und Kultur einen wesentlichen Antrieb für die Studierenden und damit die Grundvoraussetzung für einen erfolgreichen Deutschlandaufenthalt.

Im Bereich der beruflichen Bildung sind seit Jahren die Aktivitäten der Hanns-Seidel-Stiftung und der GTZ zu nennen. Sowohl die Hanns-Seidel-Stiftung Shanghai mit ihrem Partner, der Pädagogischen Universität Shanghai, als auch die GTZ an der Tongji-Universität haben mit Lehrerbildungszentren Ausgangsbasen für chinesisch-deutsche berufliche Aus- und Weiterbildung geschaffen. Zumindest in dem GTZ-Projekt an der Tongji-Universität spielt die Vermittlung der deutschen Sprache eine notwendige Rolle, besonders wenn später in Deutschland promovierte Studierende zu sprachlich und kulturell gebildeten Ausbildern für Fachlehrer an Berufsschulen werden sollen.

Neben den Hochschulkooperationen und den Aktivitäten der beruflichen Bildung verstärken sich in den letzten Jahren Kooperationen im Bereich der Schulbildung: Das älteste Kooperationsmodell ist der kurzfristige

Schüleraustausch im Sommer: In Hamburg, hinlänglich bekannt durch die Kooperation der vier Hamburger Gymnasien mit den vier Shanghaier Mittelschulen. Hier stand bisher das kurze Erlebnis Deutschland, schneller ermöglicht durch die Fremdsprache Englisch, im Vordergrund. Diese bildete inhaltlich angereichert mit einzelnen Infos zu deutscher Kultur auch die sprachliche Rahmenbedingung, den Austausch als solchen erfolgreich durchzuführen.

Seit 2003 ist die Einführung der deutschen Sprache als zweite Fremdsprache an Shanghaier Schulen Thema, seit Anfang dieses Jahres arbeitet eine chinesisch-deutsche Arbeitsgruppe für die Shanghaier Erziehungskommission an Lehrwerkempfehlungen für alle Schulen, die Deutsch als zweite Fremdsprache anbieten möchten. Die Einführung von Deutsch als 2. Fremdsprache über zwei Jahre (Klassen 10 und 11) im Rahmen der Oberstufe der Mittelschule scheint beschlossene Sache, und diesem „Minimalangebot" Deutsch, das zur Kommunikationsfähigkeit im Alltag führen kann, gilt das erste Interesse. Das ist der Anfang. Erste Überlegungen, Deutsch als extensives Schulfach über rund 5 Schuljahre einzuführen, angefangen am Ende der sechsjährigen Grundschulphase oder zu Beginn der 7. Klasse (Beginn Unterstufe Mittelschule) können den bisher recht kurzfristigen Austausch auf Schulebene zu einem langfristigen erweitern. Genauso langfristig soll auch die Kooperation mit der Shanghaier Erziehungskommission sein.

Nicht zuletzt neu ist auch der interkulturelle Austausch vor Ort, wie er sich nun zwischen der bisher stark isolierten Deutschen Schule Shanghai, einer deutschen Bildungsinsel in der Stadt, und der Fremdsprachenmittelschule, einer Partnerschule Hamburgs, anbahnt. Die Verstärkung der deutschen Sprache durch Bundesprogrammlehrkräfte dort, wo Deutsch bereits seit vielen Jahren extensiv und erfolgreich gelehrt wird, wird den direkten Austausch zwischen beiden Schulen ermöglichen. Auf gutem Wege sind auch die verstärkten Angebote zu chinesischer Sprache und Kultur, mit denen sich zukünftige Schülergenerationen der Deutschen Schule hoffentlich stärker als bisher ihr eigentlich so reichhaltiges neues kulturelles Umfeld erschließen können. Langfristige Formen der Bildungskooperation, wie im tertiären Bereich vorhanden, könnten sich zukünftig damit sehr perspektivenreich auch im Schulbereich entwickeln: Austauschjahre in Deutschland oder China, Chinesisch bzw. Deutsch als relevante Prüfungsfächer, chinesisch-deutsche Schülerprojekte und leichter Direktzugang in das jeweilige tertiäre Bildungssystem Chinas bzw. Deutschlands. Erstmalig bietet nun das Bundesland Hamburg den ersten erfolgreichen Kandidaten des Deutschen Sprachdiploms (DSD) in Shanghai den Zugang zu Hamburger Hochschulen. Die Verantwortlichen haben damit erkannt und anerkannt, dass sprachliches und fachliches Wissen eines chinesischen Mittelschülers, der extensiv Deutsch als Fremdsprache gelernt hat, ausreichen, direkt mit Erfolg eine deutsche Hochschule zu besuchen – eine absolut notwendige solide „interkulturelle" neben einer ebenso soliden fachlichen Schulbildung vorausgesetzt. Das ist sicher noch Zukunft für deutsche Schulen und ihren Chinesisch- bzw. China-Kultur-Unterricht. Ein reizvolles Denkmodell ist es allemal.

## 3. Interkulturelle Bildungskooperation und die Ansprüche an ihre Akteure

Genau wie es zwei Grundtypen von Bildungskooperationen gibt, so sind auch zwei Grundtypen von Akteuren an diesen Kooperationen beteiligt: die Rezipienten von Bildung, d.h. die Schüler, Auszubildenden und Studenten auf der einen und die Vermittler von Bildung, d.h. die Programmverantwortlichen, Koordinatoren, Lehrer, Trainer, Ausbilder auf der anderen Seite. Ich möchte mich stellvertretend für die Rezipienten mit dem notwendigen Mut zur Lücke auf den deutschlernenden Schüler in Shanghai konzentrieren und begründe dies nicht nur damit, dass ich mich derzeit schwerpunktmäßig mit Schulbildung in Shanghai beschäftige, sondern auch mit dem grundsätzlich vorhandenen großen Entwicklungspotenzial eines Schülers allgemein.

Schüler sind in China eingezwängt zwischen dem hohen Leistungsdruck des Bildungssystems und den natürlichen, spielerischen Entfaltungs- potenzialen ihrer jungen Interessen. Ein Austauschschüler, so könnte man zunächst beginnen, „schnuppert" während seines kurzen Aufenthalts in die Kultur des jeweiligen anderen hinein. Gefällt ihm der Duft des „Erschnupperten", dann wird er im besten Fall wieder an den Kochtopf seines Gastgebers zurückkommen, die Sprache des Gastgebers lernen und in Deutschland studieren wollen. Das ist ein guter Ansatz. Doch es ist noch weit mehr möglich, wenn dem künftigen Austauschschüler während des Unterrichts in Shanghai schon vorher die vielfältigen Gerichte deutscher Kultur nahegebracht werden, mit der Sprache angefangen. Dann erst findet er die gleichen sprachlichen und kulturellen Rahmenbedingungen wie ein interessierter deutscher Französischschüler, der die Früchte und im Idealfall auch das erlernte Wissen in Frankreich nach drei Jahren Französischunterricht auspro-bieren, der die Trockenübungen in der Schule im kulturellen „Wasser" Frankreichs anwenden kann. Er wird mehr sehen, mehr erfahren und am Ende wissen, warum er Frankreich liebt (oder auch nicht) und sich im besten Fall zu einem Frankreichkenner oder gar -experten entwickeln. Einige Auslandssemester oder ein ganzes Studium dort sind dann logische Konsequenz – und das könnten sie auch im Falle eines über die zweite Fremdsprache sprachlich und kulturell „auf deutsch" vorgebildeten Mittelschülers in unserem Shanghai-Hamburger Fall sein. Warum aufwändig Werbung für ein Studium in Deutschland machen, wenn ich als Schüler ohnehin eine Vorentscheidung dafür fällen kann?

Die Schule kann ein Idealfall werden, spannenden Inhalt und damit Entwicklungspotenzial für einen zukünftigen Deutschlandbegeisterten in Shanghai bereitzustellen. Ich mache eine Anleihe bei einem meinerseits sehr geschätzten französischen Sinologen. Francois Jullien hat in seinem Buch „Über die Zeit" durch die Rezeption klassischer chinesischer Denker nachgewiesen, dass die Gegenwart die beherrschende Zeitform Chinas ist. Er hat recht. Wer China kennt, kann das täglich beobachten. Für unseren Fall bedeutet das, dass die derzeit hohe Wertschätzung Deutschlands dem Sekundarschulunterricht gegenwärtig zumindest zwei Jahre dauernden Deutschunterricht beschert, der von der Erziehungskommission unter-stützt wird. Die sprachlichen Rahmenbedingungen dafür muss ein kommunikativer Deutschunterricht bieten, der die Schüler im Idealfall vor ihrem Deutschlandaufenthalt im Rahmen der Schüleraustauschpr ogramme befähigt, im deutschen Alltag mitreden zu können. Dadurch sehen sie kulturell „mehr", werden offener und neugieriger für kulturelle Phänomene in Deutschland, die in landeskundlichen Anteilen im Deutschunterricht mit einem geeigneten modernen Lehrwerk thematisiert werden können.

Damit wäre ich beim zweiten Typus des Akteurs im „Handlungsfeld Bildungskooperation" angelangt: dem, ebenfalls exemplarisch heraus-gestellten, Vermittler sprachlichen und kulturellen Wissens, dem Programmplaner und Curriculumentwickler, der – gerne und möglichst auch kontrastiv-vergleichend – kluge Rahmenpläne aufstellt, was und wie Bildung in der deutschen Sprache, über Deutschland und die Deutschen für Chinesen vermittelt werden kann. Moderne Lehrmaterialien und interkulturell-vergleichende Themen gehören dazu. Sie vermitteln deutsche Lehr- und Lernprogramme in sinnvoller Adaption für den chinesischen Kontext. Das Interesse chinesischer Curriculumplaner in Shanghai daran ist groß und - gegenwärtig. Ich bin ebenfalls angelangt bei dem Lehrer und Trainer, der solche Programme umsetzt, der chinesische Sprache, Mentalität und vor allem Denkprozesse seiner Schüler versteht und seinen „deutschen" Sprach- und Kulturstoff so vermittelt, dass er verstanden wird. Das heißt gerade nicht, genauso zu unterrichten wie ein Chinese, sondern eben anders, aber mit dem notwendigen Verständnis für Sozialisation und kulturellen Hintergrund seiner Schüler, auch und gerade ihre besonderen Bildungsbedingungen, die nun einmal nicht die gleichen sind wie in Deutschland. Das erfordert Transparenz der Systeme, Bildung und Fortbildung in den Bedingungen des deutschen Schulwesens für chinesische Sprach- und Kulturlehrkräfte einerseits, umgekehrt gleiches für deutsche. Hintergrundwissen um historische Voraussetzungen, um die jeweiligen Gesellschaftsstrukturen ist dabei genauso wichtig wie Sprachkompetenz. Zumindest Lernbereitschaft dafür sollte Grundvoraussetzung für die Entsendung nach China sein.

## 4. Die Rolle der Abteilung Kultur und Bildung

Die seit Februar 2003 in Shanghai auch im Bereich der Bildungskooperation operierende Abteilung Kultur und Bildung des Deutschen Generalkonsulats Shanghai ist betraut mit den Aufgaben eines Goethe-Instituts. Eine der Hauptaufgaben der Abteilung im Bereich Bildung ist die Netzwerkarbeit. Dort treffen sich Akteure der unterschiedlichen deutschen Mittler in Shanghai: Goethe-Institut, DAAD und Zentralstelle für das Auslandsschulwesen, um zu sondieren, wo gemeinsame Interessen liegen, mit ihren jeweiligen Mitteln die Verbreitung und Vertiefung deutscher Sprache und Kultur in Shanghai zu fördern und zu kooperieren. Dort treffen erfahrene deutsche Lehrkräfte auf chinesische Entscheidungsträger und entwickeln seit diesem Jahr zum Beispiel Vorschläge für Lehrwerke Deutsch als Fremdsprache an Shanghaier Schulen. Zusätzlich zu dieser Gremienarbeit werden Projekte zur Lehrerfortbildung für Deutschlehrer aller Bildungsträger entwickelt, und die Akteure vermitteln deutschsprachige Literatur, organisieren Ausstellungen zur deutschen Landeskunde oder Konzerte junger deutschsprachiger Gruppen etc.. Momentan verfügen wir in Erwartung des noch ausstehenden neuen chinesisch-deutschen Kulturabkommens noch nicht über Sprachkursangebote, stellen aber ein großes Interesse bei Chinesen und zunehmend auch Nichtchinesen fest, beispielsweise an einem Goethe-Institut Deutsch zu lernen bzw. entsprechende Prüfungsangebote in ihr Lehrangebot zu integrieren. Das gilt für den Schul- genauso wie für den Hochschulbereich.

## 5. Fazit und Appell: Ausblick in eine mögliche Zukunft

Die Kürze dieses Beitrags muss vieles offen lassen – und ich hoffe, dass ich wenigstens einige Frage- und Ausrufezeichen habe streuen können. Tatsache ist: Möglichkeiten zu intensiveren, langfristigen interkulturellen Bildungskooperationen – und denen gilt mein Plädoyer – sind gegenwärtig in Shanghai und ganz China, besser denn je, gegeben. Gute und herausfordernde Ansätze sind im Schulbereich gemacht, doch vieles ist gerade in diesem jungen Kooperationsbereich noch ungelöst. Es mangelt vor allem an institutionellen Rahmenbedingungen, einer guten und fundierten Deutschlehrerausbildung, die genauso in Deutschland für Chinesischlehrer fehlt. Es mangelt an guten Lehrkräften an einem überzeugenden Curriculum, es mangelt und mangelt.

Doch trotz des Mangels: Wenn es gelingen kann, deutsche Sprache und Kultur in Shanghai als Schulfremdsprache zu etablieren, genauso wie chinesische Sprache und Kultur als Schulfremdsprache in Deutschland, dann ist eine wichtige Grundlage für den Erfolg vieler Kooperationen im Erwachsenenbereich, im Hochschul- wie im berufsbildenden Sektor, gegeben, denn dort ist Bildung vor allem Weiterbildung im besten Sinne des Wortes. Eine solide Grundlagenbildung, die Sprache genauso wie Wissen über Gesellschaft, Geschichte, Alltag etc. des jeweiligen Partners zum Gegenstand hat und im Kindesalter beginnt, eröffnet viel mehr Möglichkeiten, zukünftig qualitativ hochwertige Koope-rationsmodelle etwa in Form von Bildungsjointventures im Berufs- und Hochschulbildungsbereich zu erschließen, die ihre Studierenden dann unter sprachlich und kulturell vorgebildeten Schulabsolventen suchen können. In der Schule vorgebildete Studierende, die nach Deutschland kommen, bringen vor allem dann eines mit: solides Sprach- und Kulturwissen, was wiederum die Rahmenbedingung für den späteren Erfolg im Studium oder in der Berufsausbildung schafft. Hamburg will hier die Speerspitze der Entwicklung sein – dann muss es gerade ein besonderes Interesse an solider Sprach- und Kulturbildung junger Chinesen schon im Schulbereich haben. Investitionen und Engagement sind gefragt. Wenn wir umgekehrt Chinesisch und chinesische Kultur stärker noch als bisher – als abiturrelevant beispielsweise – in unser deutsches Schulsystem integrieren werden, dann wird auch China bekannter in Deutschland gemacht, als dies zahlreiche gute und schlechte Bücher oder Medienberichte vermögen.

Doch ich möchte nicht nur als „typisch deutscher" Zukunftsplaner enden und betone nochmals: In China zählt die Gegenwart stärker als Vergangenheit und Zukunft: „Der Wind weht günstig und der Regen fällt mild (feng tiao yu shun)" – es ist Zeit, zu handeln.

## 德中教育合作的跨文化及语言框架要求

### 尔库斯·赫尔尼博士

## 1. 双方教育合作的两种形式：国际性和跨文化性

上海的中德教育合作从同济大学附属幼儿园与上海德语学校附属幼儿园成功合办的"幼儿功夫班"开始说起，一直说到在上海交叉学科研究中心举行的生命科学家圆桌会议还没讲完。所以说，我们今天所探讨的领域是既广大又复杂——无法一目了然的。有一句德国惯用语叫做"只见树木，不见森林"。如果我们把中德教育合作看作是所说的森林，而且是一座不断地超越其不断变动的界限，在蔓延的森林的话，那我们辨别方向的唯一方法就是设法在这森林内寻找天然的路径。这些确实存在的路径大致上可分为两种类型：国际性和跨文化性。

国际性教育合作的特点在于：交流关注的中心是获得最佳质量的"内容"，原则上全世界任何地方都可以成为合作地点。基础理论研究领域的学术交流形式便是一个典型的国际性教育合作例子。鉴于此，必须前往非洲撒哈拉南部、北京、还是美国麻城的哈佛大学则仅是次要，甚至是毫不重要了。就如中国的顶尖物理学家来到汉堡的电子同步加速器研究所（DESY），他们是为了这里卓越的科研条件而来，而不是因为他们受过良好的德语教育，来这里徒步追寻19世纪著名音乐家布拉姆斯在汉堡遗留下的踪迹。

第二种类型的教育合作是跨文化性的教育合作。对于这种类型的合作来说，合作地点和合作伙伴是中国或德国机构处于首位。经历中国或德国文化的机会比纯粹追求专业质量更为重要。而专业质量即使是具有重大意义的话，也往往是和对方的文化连在一起的。

因此传授伙伴语言与文化内容必须达到多方面的要求为各类目标群体组织适合各类教育合作项目需求的汉语或德语语言课程。包括语言强化课、长期语言课程、跨文化培训、研讨课、国情介绍、尤其还有各类旨在体验异国文化的旅行活动。

虽然我没有已经核实的统计数据，但我估计，大部份德中教育合作项目都是属于跨文化性的。我之所以这样猜测，是因为无论是对中国人还是对德国人，说英语的国家不仅目前是，将来也仍旧是进行国际教育交流的首选。

## 2. 国际性和跨文化性教育合作项目上海实例

在我踏上跨文化之路径迈步于"教育合作森林"之前，我想简短地介绍一项也是进行跨文化交流的国际性合作模式——中国科学院生物科学部门和克斯-普朗克科学促进协会在岳阳路（音译）上海交叉学科研究中心定期举办有关当前科学要题的圆桌会谈。此会谈对世界各国各学科人士开放，英语必然地成为交流语言。正是由于上海交叉学科研究中心强调面向国际，它也乐于参与跨文化性的合作。例如和德国驻上海总领事馆文教处联合举办的，由作家格奥尔格 • 克莱因主持的德语写作研习班五月份将在那儿举行。德语和德国文化这次为这一项充满国际色彩的合作模式锦上添花。

现在让我们将注意力集中于汉堡在中国的友好城市——上海目前正在进行的各种跨文化性教育合作。从许多，许多高校合作项目中必须提及两项1998年业已实行的大型合作项目：
——上海同济大学的中德学院
——汉堡应用科学大学和上海理工大学合办的汉堡上海国际工程技术学院

两者都是由德意志学术交流中心与经济界出资赞助的中德合作机构。两者均培养经济和工程科学家。德语知识是在这两学院学业成功的先决条件。德语课程是两校教学大纲的固定组成部分。以中德学院为例，学生不仅必须修读强化德语课程，在专业学习阶段更有广泛的德语和德国文化课程也属必修课。德语和德国文化课程在这两个大部分以中式教学方法为主教授专业课程的院校增强了学生们的学习动力，同时也是使他们在德国的逗留能卓有成效的先决条件。

说到职业教育领域，多年以来必须提及在中国非常活跃并享有极佳的声誉的塞德尔基金会和德国技术合作公司（GTZ）的活动。塞德尔基金会与他的伙伴——上海师范大学合办的，以及德国技术合作公司在同济大学设立的教师培训中心都是中德在职业培训与进修领域合作的基地。德国技术合作公司在同济大学进行的项目旨在把学生培养成为拥有德国博士学、受过良好德语与德国文化教育的职业学校教员的教师。因此至少对这一项目而言，传授德语是必需的。

除了高校合作与职业教育领域的各类活动之外，近年来在中小学领域的合作也在增强。最长久的合作模式是暑期短期学生交流。因汉堡四所高级中学与上海四所中学的有关合作，所以在汉堡，大家对这一合作模式都十分熟悉。此合作项目到目前为止是以短暂的亲历德国的经历为主。英语——及少许有关德国文化的英语介绍——是使这一学生交流项目得以成功举行的语言框架条件。

2003年开始进行有关上海中小学校将德语设置为第二外语的讨论。今年年初起有一个中德工作小组受上海教育委员会之委托为所有打算设置德语课程的中小学校编写德语教材提纲。德语作为高中第二外语的设——高一和高二两年，看来已成定局。目前中方暂时对这仅能达到日常沟通能力的"最基础的"德语课程有兴趣。这是开端。有关——从小学六年级或初中一年级开始——教授五学年德语的初步考虑能够使至今仍是短期性的中小学领域的交流扩展为长期性的交流。我们和上海教育委员会的合作当然也要是同样的长远。

上海德语学校一所迄今为止十分孤立的，可称为是上海的一个德国教育孤岛的学校和汉堡的一所伙伴学校上海外国语中学之间开始发展的交流是当地跨文化交流的一种新形式。由联邦资助的德国教员将在这所多年来已全面并且成功地教授德语的学校增强德语教学，将使两所学校能够进行直接交流。上海德语学校增多中文和中国文化课程看来也大有希望。但愿上海德语学校新一代的学生藉此能比以往更进一步地了解他们原来是处在这么丰富多彩的文化环境里。

如此一来，在中小学领域开展类似在高等教育领域业已存在的长期教育合作便前景广泛——如为期一年以上的长期学生交流、将汉语或者德语定为考试课目、各类中德合作学生项目，使学生容易直接进入对方高校求学等。汉堡现在首次向第一批成功在上海获得德语语言证书（DSD）的学生赋予德国高校入学资格。由此可见，有关部门已认识到并也积极承认，一名长久和全面地学习了德语的中国中学生的德语和专业知识已足以使他可直接进入德国高校，成功开展学业。当然先提条件是学生必须拥有牢固的"跨文化"知识和专业知识。这对设置中文及中国文化课程的德国中小学校来说虽然还是遥不可及，但确实是一个异常具有吸引力的构思。

## 3. 跨文化教育合作与对其运作者的要求

就如教育合作有两种基本类型一样，这些合作项目也有两种基本类型的运作者，即一方是教育接受者，也就是中小学生、职业培训生和大学生，另一方是教育传授者，也就是教育项目有关负责人、协调人、教师、培训教员、实训教员 。

有关教育接受者这一方面，虽然深知是不够全面，但我仅想介绍一下学习德语的上海中小学生。这并不只是因为我本人目前重点从事于上海中小学教育研究的关系，而是因为学生原则上都拥有的巨大发展潜力。

中国的中小学生被紧紧地挤在教育制度所导致的极大成绩压力和年轻人的兴趣爱好得以自然发展的本性之中。一个交流学生在交流国家短暂的逗留期间仅是"呼吸了一下"异国文化的气息。如他"闻到的气味"是他所喜欢的话，最佳情况下他会乐意再次回到东道主的"菜锅"旁、学习东道主的语言并在德国攻读大学。这是一个良好的开端。但是如果这位未来的交流生在上海上课时就能学习德语和品尝德国丰富的文化佳肴的话，那我们可以达到的要比现在多得多。因为那时这个中国交流生遇到了和一个热衷于学法语的德国学生相同的语言和文化框架条件——就像这个德国学生可将他在学校学了三年法语的成果和知识在法国实地尝试，将在学校获得的理论知识实际应用在法国的文化环境内一样。这个德国学生将看到更多，经历到更多，最后会知道自己为什么喜欢或者不喜欢法国，而在最佳情况下成为一位"法国通"或者甚至"法国专家"。在法国留学几个学期或攻读整个专业到那时已是理所当然的事。而这一切也同样可以实现在一名在将德语作为第二外语的学习过程中得到"德式"的语言和文化基本教育的上海中学生身上。如果在做中学生的时候就已初步决定前往德国留，那我们又何必为吸引学生来德国留学做铺张的广告呢？

　　上海的学校可以向未来的"热衷德国者"提供精彩的内容，由此可成为发展这方面的潜力的最佳场所。我借用一下一位我很敬重的法国汉学家弗朗苏瓦·朱利昂的作品。他在他的著作《时间》中通过接纳中国古代先哲的观点，证实了在中国，"现在时"是支配一切的时态。他说得对。任何了解中国的人，每天都可以观察到这点。这对我们来说就意味着，德国目前在中国所受到的高度重视，现在至少在上海市教育委员会的支持下给中学教学带来了两年的德语课程。注重口语能力的德语课程在最理想的情况下可以使交流生来德国之前已具备日常会话能力，为他们提供了语言框架条件。有关德国文化现象在德语课程介绍德国概况部分就可使用合适的先进教材进行探讨，这样他们会对德国文化有更多更深的了解，会对德国的文化现象更好奇，更乐于接受。

　　现在我说到了"教育合作运作范围"的第二类运作者语言和文化知识的传授者。在此，以制定教学大纲和课程编制的有关人员作为例子。他们希望编制明智的，尽可能也是具有中德对比性的教学大纲，制定如何向中国人用德语传授有关德国和德国人的知识及具体传授内容。这包括先进的教材和跨文化比较的题目。他们将德国的教学大纲和学习计划适当地进行改编使其适合中国国情。目前，上海的课程编制人员对这一切都有着很大的兴趣。

　　现在我说到了将这些教学大纲付诸实施的德国教师和培训教员。他们会说中文，了解学生的民族特点，尤其是学生的思维过程，知道如何让学生明白所教授的"德国"语言和文化内容。这不但并不意味着要像中国教员那样授课，而正是应该不同于他们。但是德国教员必须理解学生的文化背景和社会，尤其是其与德国不同的教育条件。这就需要双方教育制度、教育条件和继续教育条件的透明化——一方面是中国语言和文化教员对德国教育事业的了解，另一方面是德国语言和文化教员对中国教育事业的了解。有关历史和对方社会结构的背景知识在此和语言能力一样重要。具备这方面的学习热情应是派往中国的教员的基本先提条件。

## 4. 文化教育处所起的作用

2003年2月起，德意志联邦共和国驻上海总领事馆文化教育处也从事教育合作领域的工作。其工作内容相同于歌德学院。文化教育处在教育领域的主要任务之一是建立关系网。德国在上海各教育机构 —— 歌德学院、德意志学术交流中心及外国学校教育事业中心 —— 的运作者都在那里聚首，探讨共同利益所在，以便运用各自资金，合作促进德语和德国文化在上海的扩展和深入。资深德国教员在那里和中国决策层人士会晤，今年开始为上海中小学校的德语教课书提供建议。除了这些委员会工作之外，文化教育处还为所有教育项目承办机构的德语教师开展进修项目。项目运作者举办德语文学介绍、组织德国风土人情的展览会和年轻德语团队的音乐会等活动。目前我们正期待着新的中德文化协定的签署，暂时还没有提供语言课程。但是我们发现，中国人和越来越多的外国人对在歌德学院学习德语或将有关考试融入自己的课程设置抱有极大的兴趣。不仅中小学领域如此，高校领域也是。

## 5. 总结与呼吁：展望前景

本文篇幅所限，所以许多方面没有提及。我希望，我至少是提出了一些问号和叹号。我所想呼吁的是，目前，在上海和全中国，开展更为深入和长远的跨文化性教育合作的机遇是前所未有的好。中小学领域已有良好和具有挑战性的开端。但是在这一新领域还有许多难题尚待解决。最主要是缺乏总体性的框架条件，缺乏优良深入的德语教师培训，在德国同样也缺乏相应水准的中文教师培训，缺乏优秀的师资，缺乏令人信服的课程设置，缺乏啊，缺乏！

尽管有众多不足之处，但是如果能成功地将德语和德国文化设置为上海学校的外语课，也将中文和中国文化设置为德国学校的外语课，那为成人教育领域、高校领域、职业培训领域的多项合作得以成功造就了重要的基础。在这些领域，教育真正意味着继续增长知识。从童年起就实行不仅包含合作伙伴的语言，也包含有关对方社会、历史、日常生活的基础教育，为未来开展各类优质合作模式开辟了更多的机会。如以职业教育和高等教育领域的合办院校为例，届时这些院校就可以从已受过语言和文化教育的中学毕业生中挑选学生。来德国留学的中国大学生届时将拥有踏实的德语和德国文化知识，而这是学业或职业培训得以成功的框架条件。汉堡希望是这一发展的先锋。正因如此， 汉堡更应对中国的年轻人在中小学求学期间就可得到扎实的德语和德国文化教育持有与众不同的兴趣。我们需要的是投资和投入。同样，如我们在德国进一步将中文和中国文化纳入我们的教学制度 —— 如作为高中毕业考试课目的话，那比众多形形色色质量参差的书籍或媒介报道更能增强德国对中国的熟知。

我不想作为一个"典型德式的"未来计划制定者来结束这次讲话，所以再次强调：在中国，现在比过去和未来更为重要。"风调雨顺"——现在正是我们应该行动的时候。

# Vorträge

# 3. Teil: Workshop-Referate

# 报告

# 第三部分　研讨会专题报告

# 3.1. Workshop I: Hochschulausbildung und Studiengänge

研讨会1　高等教育与专业

*Huang Yefang*

Shanghais Hochschulen und ihre aktive Förderung von internationaler Kooperation und internationalem Austausch

Zurzeit gibt es in Shanghai 59 Hochschulen mit insgesamt 380.000 Studenten. Die Hochschulen haben in den letzten Jahren ihr internationales Engagement intensiviert, um eine kontinuierliche Steigerung der Bildungsqualität zu erreichen. Die internationale Zusammenarbeit im Hochschulbereich lässt sich in folgende Kernbereiche gliedern:

* Kooperationen mit renommierten ausländischen Hochschulen zur Einrichtung gemeinsamer Studiengänge und Graduiertenkollegs sowie Bildungsprogramme mit multi-universitärer Beteiligung.
* Kooperationen mit internationalen Organisationen zur Gründung von Gemeinschaftsinstitutionen.
* Einführung von Doppelabschluss-Programmen
* Umsetzung des modernen Hochschulmanagements.
* Etablierung chinesischer Universitäten, Graduiertenkollegs und chinesischer Studiengänge im Ausland.

Ferner lässt sich feststellen, dass der Bildungsstandort Shanghai auch für ausländische Studenten zunehmend attraktiv wird. Ende 2004 studierten 22020 ausländische Studenten an Shanghais Hochschulen, Tendenz steigend.

# 上海高等学校积极推进国际交流合作

## 黄也放

尊敬的部长先生，

女士们、先生们，下午好：

这里我就上海高等学校在国际合作中所面临的挑战及获得的经验做一简单介绍。

上海教育尤其是高等教育今年来努力把自己更多地融入世界，积极引进国外优质的教育资源，借鉴国外的教育经验，尽快缩小与发达国家的差距，提高教育水准，促进上海教育实现新的跨越。上海现有59所高等学校，其中32 所为本科以上学校。在校全日制大学生共38万。上海高等教育毛入学率为55%，已经进入高等教育的普及阶段。上海这几年一直在积极尝试引进更多的外国名校的专业学科，引进上海产业发展急需的专业、幼稚学科。上海的高等学校还积极走出去，到国外办学。同时积极吸引外国留学生到上海学习。

1、积极引进外国知名大学，合作举办研究生院、国际学院，并积极尝试国际多校区联合办学。

复旦大学与新加坡国立大学在苏州工业园区联合举办的研究生院；复旦大学与美国哥伦比亚大学、法国政治学院、伦敦经济学院合作，举办新闻类专业，课程相通，前两年在复旦，后几年分别在美国和英国学习。华东师范大学与法国巴黎高等师范大学等四所法国高等师范学校联合培养数学、物理、计算机等学科博士，与美国宾西凡尼亚大学联合培养高等教育学博士。这种多校区合作的模式是今后上海高等学校合作的主要发展方向之一。

2、积极与国际组织合作举办办学机构，创建自己的品牌，提升国际竞争力。

联合国环境计划署（UNEP）同济大学环境与可持续发展学院。2004年举办的亚太地区环境及可持续发展领导人研修班，有25个国家派高官参加他们与全球12家名校一起发起建立环境及可持续发展大学联盟。。2005年面向亚太地区的环境及可持续发展硕士课程开班。主干课程将在同济，其余课程选择到其他11家大学该领域的强项专业去学习。他们现正在积极筹建联合国教科文组织（UNESCO）一同济城乡建筑遗产保护学院。

### 3、积极尝试联合双向培养模式。

同济大学与法国最负盛名的11所工程师学校合作办学，董事单位为16家大型国企和中法合资企业，6个合作硕士项目，采用联合双向培养模式，共同制定教学大纲、共同授课和管理，中国学生的最后一年多课程在法国上，同一项目的法国学生则到中国来上。已毕业的中、法学生有460余名。中德学院是2003年9月中国教育部长周济与德国联邦教育和研究部长布尔曼共同确定的国家级高等教育合作项目，由同济大学和德国应用技术大学具体实施。中德著名企业为该院资助了23个基金教席，德国企业实习和企业课题硕士论文，联合培养双学位硕士471名，毕业194名。这种联合双向培养模式，促进了学生的国际交换，极大地提高了专业学科水平。

### 4、合作办学的同时引进了先进的教学管理模式。

上海交通大学与美国密执安大学联合培养本科、硕士、博士，几年来已经创造了不少的经验，最近他们又引进了密执安大学的教师考评体系。交通大学最近已与2004年全美理工类大学排行第五的乔治亚理工学院商定合作研究生培养、合作科研等。吸收、借鉴世界一流大学的办学理念，引进国际领先的专业学科，将其融入到本地教育的原创性开发之中，更加合理地建设和改造自己的管理模式和运行机制，培植具有世界水平的学科体系，创建自己的名牌，许多高校已经尝到国际合作交流的甜头。

上海理工大学与汉堡应用技术大学1998年起联合建立"上海汉堡国际工程技术学院"，联合培养机械制造和电气工程两专业的本科生，主要借鉴德国培养FH式（应用技术大学）高级应用性工程人才的经验。毕业生在上海人才市场受到欢迎，上海德国商会给予了较高的评价。2004年通过了ASIIN的评估，其合格的毕业生可获得德国正式的学士学位。

### 5、积极走出去到国外办学

同济大学在日本的分校最近开学，上海交通大学在新加坡设立的研究生院已有多年的办学经验。上海中医药大学在美国设立了分校。最近美国哈佛大学计划与该校在上海联合培养现代西医与传统中医相结合的本科和研究生专业。

上海经济的快速发展，高等学校质量的提高，吸引了越来越多的国际学生到上海的大学学习。2000年有6500人，2002年有13300人；2004年底有22020人。增长速度很快。他们中除一部分学习中文、中医等专业外，还有许多在建筑、时装设计、环境、经济管理。其中也有一部分毕业后留在上海工作。

我们很高兴地看到上海与汉堡与德国在高等教育方面、在基础教育方面、在职业教育等方面的合作越来越深入，越来越有成效。我们也希望中德的教育交流合作能有更大的发展，欢迎更多的德国的著名大学到上海合作办学、合作科研。当然我们也欢迎更多的汉堡青年到上海学习。

谢谢大家！

与中国在高等教育领域的合作 —— 形式及前景

施特凡·哈泽贝尔根博士

估计未来在德国高校就读的中国大学生的数目将明显降低。这除了中国内部的原因之外，（例如中国劳务市场状况），也与德国高校的学习条件有关。德中高校之间的教育伙伴关系能帮助解决中国留学生在德国遇上的困难。就此而言有四种具有规范性的教育伙伴关系形式，这四种形式也可以组合进行：

(1) 将在外国就读学期纳入教学计划，予以相互承认
(2) 在中国举办德中共同设置的学士项目，学业结束后有在德国继续深造的可能
(3) 双学位合作教育项目
(4) 在中国举办的德国教育项目

成功的伙伴关系将互利双方。就德国大学生而言，他们有机会在中国的高校就读，因此不仅在跨文化与语言方面得益，在专业方面的收获也与日俱增。而就中国大学生而言，此类教育伙伴关系使他们在外国的学业具有结构性，易于预计，并且在留学期间能得到辅导。

合作伙伴将日益旗 相当。近几年中国不仅在高校经费方面，在教育质量方面也奋起直追。中方投资对众多合作项目现已具有决定性的作用。

*Dr. Stefan Hase-Bergen*

## Hochschulkooperationen mit China: Etablierte Formen und Perspektiven

### 1. Einleitung

In Deutschland studieren so viele Chinesen wie nie zuvor, nämlich über 25.000 (WS 2003/04). Allerdings müssen wir in den kommenden Jahren mit einer deutlichen Abnahme chinesischer Studierender an deutschen Hochschulen um bis zu 50% rechnen, wie die Antragszahlen der Akademischen Prüfstelle (APS) in Peking zeigen. Dieser Rückgang des Interesses an einem Studium im Ausland hat zu einem großen

Teil innerchinesische Gründe und hängt mit der Ausweitung der Studienplätze wie mit der Arbeitsmarktlage für Hochschulabsolventen zusammen. Aber er hat auch mit den Studienbedingungen im jeweiligen Gastland zu tun, die sich wie z.b. in Deutschland gravierend von denen in China unterscheiden und zu teilweise großen Problemen bei den jungen chinesischen Studierenden führen bis hin zum Studienabbruch. Viele Probleme lassen sich durch strukturierte Ausbildungspartnerschaften lösen.

## 2. Formen deutsch-chinesischer Hochschulkooperationen

Es gibt nach Angabe der HRK über 300 Partnerschaften zwischen deutschen und chinesischen Hochschulen. Die Formen dieser Kooperationen reichen von vereinzelten gegenseitigen Besuchen bis hin zu Doppelabschlussprogrammen mit regelmäßigen Austauschen von Studierenden und Wissenschaftlern inklusive integrierten Forschungsprogrammen. Im Folgenden sollen vier mögliche Ausprägungen von Hochschulpartnerschaften vorgestellt werden, die jeweils den Schwerpunkt auf die Ausbildung legen.

### 2.1. Integrierte, gegenseitig anerkannte Studiensemester

Die Studierenden verbringen einen Teil ihres Fachstudiums im jeweiligen Gastland, wobei die Curricula eng zwischen den Partnern abgestimmt sind. Die an der Partnerhochschule erbrachten Leistungen werden an der Heimatuniversität für den dortigen Abschluss anerkannt, so dass die Studierenden durch ihren Auslandsaufenthalt keine Studienzeit verlieren. Das Auslandsstudium wird also in das Studium an der Heimatuniversität integriert. Bisher funktionieren derartige Austauschprogramme im wesentlichen in eine Richtung, nämlich von China nach Deutschland. Das hat sicher auch sprachliche Gründe, denn der Unterricht in China erfolgt bisher überwiegend nur auf Chinesisch, und kaum ein deutscher Studierender ist in der Lage, einem chinesisch-sprachigen Fachunterricht folgen zu können.

## 2.2. Gemeinsam entwickeltes Bachelorstudium in China mit der Perspektive eines weiterführenden Studiums in Deutschland

Eine Weiterentwicklung der Form integrierter Studiensemester ist gewissermaßen eine Zweiteilung des Studiums und funktioniert unseres Wissens nach als Austausch bisher ebenfalls nur in eine Richtung, nämlich von China nach Deutschland: Den ersten Teil des Studiums, in der Regel das Bachelorstudium, absolvieren die chinesischen Studierenden zunächst an ihrer Heimatuniversität. Nach erfolgreichem Abschluss wechseln sie dann an die deutsche Partnerhochschule, um dort entweder das Haupt- oder das Masterstudium, z.t. auch ein Aufbaustudium, durchzuführen. In Deutschland erhalten sie dann bei erfolgreichem Studium den jeweiligen Abschluss, wobei der in China zuvor erreichte Bachelor anerkannt wird. Ähnlich wie bei den integrierten Studiensemestern bedarf es auch hier zunächst einer engen fachlichen Abstimmung beider Partnerhochschulen. Die chinesischen Studierenden müssen im Rahmen ihres Bachelorstudiums sowohl auf das fachliche wie auch sprachliche Niveau gebracht werden, das für das in Deutschland zu absolvierende Studium notwendig ist. Unbedingt zu empfehlen ist auch bei dieser Form eine intensive Betreuung der chinesischen Studierenden, fachlich wie auch außerfachlich. Im Vorfeld sollte zudem genau geklärt werden, welche Kosten von welcher Seite getragen und wie finanziert werden.

## 2.3. Doppelabschlussprogramme

Ein Doppelabschluss (Double Degree) oder ein Gemeinsamer Abschluss (Joint Degree) bezeichnen einen Hochschulabschluss, der gemeinsam von zwei (oder mehr) Hochschulen verliehen wird. Das Ziel solcher Kooperationen ist, dass die Studierenden sowohl an der deutschen wie auch an der chinesischen Hochschule einen Teil ihres Studiums absolvieren und dafür von beiden Hochschulen einen Abschluss erhalten. Es muss unterschieden werden zwischen einseitigen Programmen, bei denen in der Regel nur Chinesen im Gastland studieren, und gegenseitigen Programmen, bei denen sowohl Chinesen als auch Deutsche durch einen Studienaufenthalt im Gastland einen Doppelabschluss erwerben können. In der Regel bedingen solche Programme, dass es gemeinsame, im Idealfall sogar gemeinsam entwickelte (komplementäre) Curricula gibt, dass also beide Hochschulen das gleiche, oft modularisierte Lehrangebot haben. Darüber hinaus müssen die Studienverlaufspläne (was wird wann wo studiert?) und die Prüfungsordnungen eng abgestimmt und gegenseitig anerkannt sowie die fachlichen Voraussetzungen für die Erteilung des jeweiligen Abschlusses genau festgelegt werden. Die Zahl der Programme, bei denen auch Deutsche für einen Doppelabschluss nach China gehen, nimmt zu, z.T. auch mit Förderung des DAAD, wie das Beispiel des Programms „Gemeinsam studieren. Gemeinsam forschen" zeigt.

## 2.4. Deutsche Studienangebote in China

Deutsche Hochschulen exportieren ihre Studienangebote ins Ausland, u.a. auch nach China und zeigen so eine verstärkte Präsenz auf dem internationalen Bildungsmarkt. Der Aufbau deutscher Studiengänge an der chinesischen Partnerhochschule sowie ein Abschluss, der in beiden Ländern anerkannt wird bzw. ein Doppelabschluss, stehen hier im Mittelpunkt der Kooperation. Im Gegensatz zu den Doppelabschluss-programmen wird der gesamte, zumindest aber der überwiegende Teil des Studiengangs im Ausland durchgeführt. Das Studienangebot wendet sich damit in erster Linie an die chinesischen Studierenden, die auf diese Weise im Heimatland und damit wesentlich günstiger ein "Auslandstudium" absolvieren können. Als zusätzlicher Anreiz kann ein weiterführendes Studium in Deutschland angeboten werden. Der Unterricht sollte z.T. auch auf Deutsch stattfinden, was einen vorbereitenden wie auch studienbegleitenden Deutschunterricht erfordert. Der DAAD fördert die Initiative solcher Projekte. Langfristig aber müssen sich diese Projekte selbst tragen, sie sollten daher unternehmerisch geplant sein. Da Studiengebühren in China die Regel sind und die Chinesen für gute Leistungen und Angebote wie z.B. das eines Doppelabschlusses oder sogar eines anschließenden Studiums in Deutschland durchaus bereit sind, auch höhere Summen zu zahlen, kann hier der Weg für eine Finanzierung liegen.

## 3. Perspektiven für deutsch-chinesische Hochschulkooperationen

Die vier genannten Formen von Ausbildungspartnerschaften im Rahmen deutsch-chinesischer Hochschulkooperationen können durchaus auch miteinander kombiniert werden. Sollte eine Partnerschaft erfolgreich verlaufen, haben beide Seiten große Vorteile davon. Die deutschen Hochschulen können sich ihre chinesischen Studierenden persönlich auswählen, sie in maßgeschneiderten Programmen ausbilden und so die Studienerfolgsquote erhöhen. Zudem besteht die Möglichkeit, hochqualifizierte Doktoranden über solche Programme einzuwerben. Umgekehrt wird so deutschen Studierenden die Möglichkeit geboten, an chinesische Hochschulen zu gehen und dabei neben dem Studium von Land, Leuten und Sprache zunehmend auch fachlich von einem solchen Aufenthalt zu profitieren. Die Internationalisierung der Hochschulen wird auf diese Weise nicht nur quantitativ, sondern v.a. auch qualitativ vorangetrieben. Die Ausbildung von deutschen wie auch chinesischen Multiplikatoren, die sich in beiden Kulturen zurechtfinden, ist nicht nur für die Hochschulen von großem Vorteil. Das Netzwerk, das im Rahmen der Kooperationen und vor allem durch die oft entstehenden persönlichen Beziehungen geschaffen wird, dient nicht zuletzt auch dem besseren interkulturellen Verständnis.

Umgekehrt profitieren gerade auch die chinesischen Studierenden von derartigen Ausbildungspartnerschaften. Ein vorstrukturierter Lehr- und Zeitplan in einer Ausbildungspartnerschaft kommt der Lernmentalität chinesischer Studierender sicher sehr entgegen, führt er doch zu wesentlich mehr Zielorientiertheit und Planungssicherheit. Darüber hinaus unterstützt eine gute Betreuung ihren Studienerfolg. Das bei großen Teilen der chinesischen Studierenden immer noch gewünschte Auslandsstudium wird durch die Teilnahme an einem strukturierten und betreuten Ausbildungsprogramm im Rahmen einer Hochschulkooperation sehr viel „risikoloser" und damit kalkulierbarer. Die Studenten halten sich nur in einem genau festzulegenden Zeitrahmen in Deutschland auf und stehen dann nach ihrem Abschluss unmittelbar dem chinesischen Arbeitsmarkt zur Verfügung, was gerade in der aktuellen Situation in China von großer Bedeutung ist. Solche Programme können also zu einer deutlichen Steigerung der Attraktivität des Studienstandortes Deutschland vor allem für gut qualifizierte chinesische Studierende beitragen.

Die Kooperationen werden sich zunehmend zwischen Partnern auf gleicher Augenhöhe abspielen. Die Chinesen haben in den letzten Jahren nicht nur in der finanziellen Ausstattung ihrer Hochschulen, sondern auch qualitativ enorm aufgeholt. Das chinesische Bildungsministerium hat eigens Programme wie das der sog. „211-Hochschulen" oder das der „985-Hochschulen" aufgestellt, die das Ziel haben, nicht nur den internationalen Anschluss herzustellen, sondern sich sogar unter den weltweiten Spitzenuniversitäten zu etablieren. Bisher flossen Know How und auch die notwendigen Finanzen überwiegend von Deutschland nach China. Deutschland war somit bisher mehr ein gebendes, China eher ein nehmendes Land. Dieses Verhältnis wird sich in Zukunft immer mehr angleichen. Schon heute können viele Programme unter maßgeblicher finanzieller Beteiligung der chinesischen Seite durchgeführt werden, und auch der DAAD achtet bei seiner Förderung deutsch-chinesischer Hochschulkooperationen zunehmend auf eine von beiden Seiten gleichermaßen getragene Finanzierung. Mit der chinesischen Seite als Partner auf gleicher Augenhöhe ist es möglich, mehr und qualitativ hochwertige Ausbildungspartnerschaften durchzuführen, die für beide Seiten eine Win-Win-Situation bedeuten und dadurch allen Beteiligten nutzen.

*Prof. Dr. Reinhard Völler & Prof. Dr. Klaus Keuchel*

## Challenges in Chinese Higher Education

Higher education in China traditionally has a more theoretical orientation which results in the fact that graduates are not optimally prepared to face the demands of their employers. Substantial efforts on the side of the industry are necessary to put the theoretical abilities of the new employees into practical use. In general, there is only a loose connection between theoretical lectures and practical laboratory courses. Students perform experiments according to predefined step-by-step-instructions instead of being given a problem and the task to find a creative solution.

A further drawback results from the fact that university staff in many cases has only limited practical experience stemming from an industrial environment. Compulsory practical training for students in a real industrial environment is not a very common part of Chinese curricula. Since practical components are usually not highlighted, the equipment and state of the laboratories leave room for improvement. Where in German Universities of Applied Sciences equipment of industrial standard is the rule, in China teaching models which do not necessarily demonstrate real life problems are relatively common.

In a Bachelor course at the Hamburg University of Applied Sciences (HUAS), where a large group of Chinese students studies Information Engineering it was noted that the students had a much better background in Mathematics and Physics than their German counterparts, but that a substantial learning effort was necessary to acquire the practical skills needed in the laboratory courses. Examinations showed that the students were very good in memorizing facts, but lacked analytical and creative skills to find new ways of solving engineering problems. The fact that at the end of the course the Chinese were by far the best students was also a result of their high motivation. Colleagues teaching in Shanghai made similar experiences with the students in USST. The Chinese government has noticed these problems and is making strong efforts to introduce a more practical orientation to the university's curricula. Several conferences have addressed this problem, one of the latest being the 1st Shanghai Education Forum hosted by the Shanghai Educational Commission in May 2004.

## Double Degree for Young Engineers

The University of Shanghai for Science and Technology (USST) and the Hamburg University of Applied Sciences (HUAS) have decided to introduce the practically oriented concept of higher education which is the "trademark" of a German "Fachhochschule" in Shanghai. Both universities have enjoyed an active cooperation since 1985, and under this cooperation the Joint College was founded in 1998. The idea was to educate engineers in the field of electrical and mechanical engineering who possess a strong problem solving competence together with well developed language and communication skills. One year of German lectures should enable the students to follow lectures and participate in laboratory courses held at USST by professors from HUAS. After 3 years of technical education including a training in industry for 20 weeks during the seventh semester, the students should be well equipped to take on demanding engineering tasks shortly after graduation.

The first group of 48 students graduated in 2002 and has been well received by Chinese-German joint ventures in and around Shanghai. About two thirds of them found well-paid jobs, while the remaining students decided to continue their studies in Germany. This success motivated the two universities to put the program on a more formal basis. With a grant from the German Academic Exchange Service (DAAD) preparations are under way for the formal accreditation of the two Bachelor courses by the German accreditation agency ASIIN. After completion of this process in September 2004 the students will receive a double degree of both universities which means that the academic degree awarded in Shanghai will be regarded as equivalent to a degree gained in Hamburg.

### The Course in Detail

The main idea behind the project is to import the practically oriented educational approach from Germany to China. It is important to realize that a student preparing for a career in the industrial sector has to acquire capacities similar to those required from somebody preparing for a scientific career. The former, however, has to be able to apply state-of-the-art scientific methods to practical problems, whereas the latter has to develop these techniques. In consequence, the teaching system comprises a reasonable and effective combination of professional theoretical knowledge and engineering application based on experiments, practice and engineering training, and cultivates the ability of mastering modern developing tools and technology applications. The curricula are based on the principles above.

The first year is devoted to the study of the German language. The staff of the German Language Department at USST gets valuable support from native language teachers who teach 12 hours per week. The German teachers are graduates of the Humboldt University Berlin, where they have acquired a special qualification to teach German as a foreign language (Deutsch als Fremdsprache). Starting 2005 the Goethe Institute will conduct an external language exam (Zertifikat Deutsch) after the second semester in order to provide an objective test. In addition to the German lectures the students also study the English language which of course is indispensable. The German native speakers are the key persons for the success of the language course. It was very clear from the beginning that without native speaker support it would be impossible to reach the ambitious goals within the time period of only one year.

Semesters 3 to 6 are filled with lectures and laboratory courses in Electrical and Mechanical Engineering respectively. One third of the technical curriculum is taught by German professors from HUAS, who stay in Shanghai for eight weeks to teach 10 hours of lectures per week. The university reserves the equivalent of two professorships for this project which shows the importance of this cooperation within the partnership between Hamburg and Shanghai.

To assure the same quality standards, substantial efforts were required to improve and build up the necessary laboratory capacities. For this purpose members of the USST staff visited Hamburg to study the German laboratories and to understand the German hands-on-approach to engineering education. Several new laboratories were built, among them the Electrical and Electronic Experiment Center on Jun Gong Campus which attracted more than 2000 visitors from other universities. The development of the qualification of the Chinese staff is an important part of the project. Not only language and technical skills need continuous development, a whole new way of teaching (discussion and active participation vs. frontal lectures) has to be introduced. This is a process which needs time.

The seventh semester contains the industrial placement. A number of students came to Hamburg to work for companies like Hauni, Deutsche Airbus/EADS, etc. Initially some effort was necessary to acquire internship places in Shanghai. Meanwhile a pool of participating companies has been built up. They not only provide the internships but also actively participate in a series of seminars giving information about German management practices to the students. The Bachelor thesis in the eighth semester concludes the studies. Meanwhile the authorities in Shanghai and Hamburg have passed a common examination order. In close cooperation the curriculum has been refined to meet the standards set by the accreditation agency ASIIN. The application for accreditation was submitted in July 2004 to ASIIN. In September the audit team visited the USST. It consisted of four German professors, two representatives from German/Chinese joint ventures and two members of ASIIN. The team was quite impressed by the state of the laboratories and the structure of the course.

In December 2004 the accreditation was granted for one year. Now some additional changes to the curriculum must be implemented, in order to receive an accreditation valid for another four years. The work on these changes is well under way and is to be completed in June 2005. At this time the USST-HAW project is the only accredited course taking place entirely in China – an attempt to really export the practically oriented approach to higher education. The DAAD has supported these efforts with 500.000 Euro. The ZEIT foundation has given valuable help for the travel expenses and salary of the German language teachers. In the medium term, the project will be financed through the additional fees collected from the students – additional support from industry is welcome any time ...
But of course the most important ingredient to make this project a success is the idealism and motivation of the participants, students and teaching staff – and obviously there is quite a lot of this.

References: *www.joint-college.de; www.haw-hamburg.de; www.usst.edu.cn; www.esiin.de/; www.daad.de/hochschulen/de/5.2.2.2.html*

*Dr. Nina Smidt, Anja Soltau & Zhang Xiaorong, PhD*

# Dual Degrees for Multi-Qualified China Experts
# Joint Program by Fudan University and the University of Hamburg

Among the various slogans that have been circulating lately in the German and European business markets, the following three are particularly significant for aspiring managers: continuous further education, globalization and business transactions with China, the fastest growing economic market at present. In the context of educating those managers of the future, Germany's economic leaders claim that successful university programs have to place a greater focus on the practical, international and social applications of the teachings of business and economics, rather than the more traditional approach. More specifically, future managers need to truly understand the business markets in which they operate and in turn acquire a global perspective.

As a consequence, an ever-growing number of postgraduate business programs have emerged since the mid-nineties characterized by their highly practical and international teaching approaches. Apart from the standard management topics, the so-called Master of Business Administration (MBA) programs usually include foreign language courses and soft skills seminars, such as intercultural, leadership and social competences. Ten years later the business sector has widely accepted the MBA as an attractive alternative to the academically oriented doctoral degree. The current situation on the job market further contributes to this development by providing young graduates with an interesting opportunity to adapt their qualifications to the current needs of the quickly changing business world. Part of this rapid transformation is due to the impact of China as one of the world's fastest growing economies, especially since its accession to the WTO in 2001. German companies are competing to be positioned among the best international players in the Chinese marketplace in terms of market shares and production.

Many companies however in Germany and China have realized that conducting business together involves a great intercultural challenge that has been highly underestimated in the past euphoria. Aside from the communicative difficulties, the varying cultures, business practices, and political and legal systems provide a great challenge to aspiring business managers. Thus Germany and China have an urgent need for qualified business experts, equipped with solid management skills and international and regional competences.

Germany's and China's higher education institutions have only recently started to react to these needs. One example is the Dual Degree Program "Master / MBA of International Business and Economics (MIBE) – China Focus" jointly offered by the International Center for Graduate Studies (ICGS) at the University of Hamburg and Fudan University in Shanghai since October 2004. The professional MBA program emphasizes political, economic and cultural knowledge required for Greater China. The one-year program, exclusively taught in English, is offered in cooperation with the Department of Management and Economics at the University of Hamburg, the Institute of Asian Affairs (IFA) in Hamburg and the School of Management at Fudan University in Shanghai. Program Director is Prof. Dr. Wilhelm Pfähler.

The program structure is unique: While the first two trimesters are taught at the University of Hamburg, the third trimester is directly taught at Fudan University in Shanghai. Students passing a general Chinese language test have the possibility of receiving an MBA from Fudan University in addition to the Master's Degree by the University of Hamburg. Thus, MIBE is very attractive for international young professionals since it combines relevant study contents with linguistic and intercultural applications. This focus on a double competence is proven in its award of a dual degree.

Companies and young professionals are truly demanding such competences. This is proven in the program's first year successful admissions round where one out of ten students could be admitted. The first international class was composed of 35 participants, about half of them of Chinese origin, the other half from countries such as Germany, Mexico, Thailand, the USA and many others. All of them receive an intense academic training in the modules: Business Economics and Economic Policy, Business Management and Politics and Culture. Language training courses in either Chinese or German as well as a kick-off workshop in „Comparative European and Asian Studies" complete the challenging program contents. Furthermore, the International Center for Graduate Studies (ICGS) offers its full service package to all participants, which includes continuous personal counseling and administrative support, career and housing service.

In addition to this (inter)national relevance, the new China MBA program also takes into account the regional developments and characteristics of Germany's second biggest metropolis, Hamburg. Within the city-state's newly established leitmotiv of the "Growing City" ("Wachsende Stadt"), a "Hamburg China Initiative" has been created with the aim to foster and strengthen the position of Hamburg as a China center. As Europe's second most important harbor and as Shanghai's partner city, Hamburg currently provides a home to approximately 300 Chinese companies and more than 700 firms maintaining business connections with China.

With their establishment of a China MBA program ICGS and Fudan University have contributed to further developing Hamburg's potential as the most important European China portal. Furthermore, they actively support the University's current internationalization process by offering a demand-orientated postgraduate program with international partners. Last but not least, MIBE – China Focus will provide graduates with a special competence for Chinese-German and Asian-European business transactions, including a high sensibility for the intercultural competences required in the international business world.

## 论文：德中高校合作

罗尔夫·施托贝尔教授、博士及名誉博士　克里斯蒂安·菲舍尔

　　尽管德国高等教育领域的总体环境正在变化，德国仍是热门的高校合作伙伴。中国合作伙伴们所关注的是优质的合作项目。他们致力于得到在中国也获承认的国际高等教育学历。德中政府2004年签署的有关互相承认高等教育学历的协定成为德中高校合作的有利条件。有关中方对国际性项目与合作的需求虽然至今尚未有全面的统计，但是多学科性的混合学历——如技术与经济，或者具有经济、法律与文化知识的高校毕业生均备受欢迎。尽管英语占了优势地位，德语项目仍是深受欢迎的。

*Prof. Dr. Dr. h.c. mult. Rolf Stober & Christian Fischer*

## Studie: Kooperation deutscher und chinesischer Hochschulen

In China hat das Jahr des Hahns begonnen. Der Hahn steht für Fleiß und für frühes Aufstehen – beides wichtig im Rahmen der deutsch-chinesischen Hochschulkooperation. Der Artikel basiert auf einer Studie, die im Jahr 2001 für den DAAD erstellt worden ist und wird ergänzt durch eigene Erfahrungen.

### 1. Ausgangslage

Der Bildungssektor in China boomt, ein Ringen um Marktanteile ist entbrannt. Es gehört heutzutage schon fast zum guten Ton für eine Universität, eine Kooperation mit einer chinesischen Hochschule zu unterhalten. Dies ergibt sich auch aus einer Statistik der Hochschulrektorenkonferenz, die für das Jahr 2004 bereits 349 Hochschulpartnerschaften zählt. In China hat die Bildung einen sehr hohen Stellenwert. Im Zuge der Öffnungspolitik besteht heute ein großer Nachholbedarf gerade auch an internationalen Programmen. Dabei ist Deutschland als Kooperationspartner durchaus beliebt, jedoch gibt es große internationale Konkurrenz.

## 2. Kooperationserfahrungen

Die Kooperation mit chinesischen Hochschulen ist grundsätzlich als ein schwieriges Feld zu bezeichnen, für das es einen langen Atem braucht. Die Chinesen haben zudem den Ruf, harte und genaue Verhandlungspartner zu sein. Bei den Vertragsverhandlungen gilt es zu beachten, dass in China eine andere Verhandlungs- und auch Vertragsbindungskultur existiert. Der Stellenwert eines Vertrages, auch in Form eines Memorandum of Understanding oder eines Letter of Intent, hat in China einen anderen Stellenwert als in Deutschland. Verträge gelten nicht unbedingt als verbindlich.

Eine wesentlich wichtigere Bedeutung nimmt das chinesische Guanxi-System, das Beziehungssystem, ein. Ohne ein ausreichendes Beziehungsgeflecht ist eine Zusammenarbeit äußerst schwierig. Hinzu kommt, dass eine Kooperation auf Universitätsebene wenig ergiebig ist, vielmehr bedarf es konkreter Ansprechpartner auf Arbeitsebene.

Die Chinesen wissen dabei genau, was sie von einer Zusammenarbeit erwarten. So reichen ihnen Zertifikate oder bloße Ergänzungs-studiengänge nicht aus. Vielmehr streben sie bei internationalen Partnerschaften akademische Abschlüsse an, die auch in China anerkannt sind. Die akademische Grundausbildung absolvieren die Chinesen dabei in der Regel in China selbst (first degree at home). Im Ausland und bei internationalen Kooperationen im eigenen Land streben sie dann einen weiterführenden Abschluss, insbesondere einen Master an. Dies sollte jedoch nicht im Rahmen von Dreijahresprogramm geschehen, sondern die chinesischen Teilnehmer möchten diesen internationalen Abschluss möglichst in einem Jahr erwerben. Seit dem Jahr 2004 gibt es ein deutsch-chinesisches Regierungsabkommen, welches die Anerkennung sämtlicher deutscher staatlicher Hochschulabschlüsse in der Volksrepublik beinhaltet und umgekehrt die chinesischen in Deutschland. Dieses Abkommen stellt einen erheblichen Vorteil für deutsch-chinesische Partnerschaften dar.

Partnerschaften sollten nicht zu bürokratisch sein. Die Bürokratie ist den chinesischen Partnern zu Genüge im eigenen Land bekannt. Stattdessen schätzen sie Flexibilität, die sich zum Beispiel durch die Anerkennung der chinesischen Bachelorabschlüsse ausdrückt. Die in Deutschland geschaffene Vorprüfungsstelle für Anerkennungsfragen für

Doktor-studien stellt eine erhebliche Erleichterung dar. Bei der Planung eines Programms für chinesische Studenten muss man beachten, dass diese möglichst wenig bezahlen wollen. Die gegenwärtige Attraktivität Deutschlands als Studienstandort für Chinesen beruht auf dem hier angebotenen kostenlosen Studium. Den chinesischen Partnern darf man aber keinesfalls Ladenhüter anbieten. Ganz im Gegenteil erwarten sie von den Angeboten Weltniveau. Nur das Beste und das Neueste erscheinen ausreichend, wobei die Chinesen dafür ein gutes Gespür entwickelt haben. Dies gilt ebenso für das eingesetzte Lehrpersonal. Der Stereotyp des verstaubten deutschen Hochschullehrers ist hier falsch. Vielmehr sind sensible Personen mit interkultureller Kompetenz gefragt.

## 3. Kooperationsperspektiven und Fragen

Die Perspektiven sind zugleich verbunden mit drei Fragen, die Finanzierung, den Bedarf und die Sprache betreffen.

### 3.1. Finanzierung

Wie aufgezeigt, möchten die Chinesen aufgrund knapper Ressourcen möglichst wenig ausgeben. Es ist fraglich, wie sich die geplante Einführung von Studiengebühren in Deutschland auf die Attraktivität der deutschen Hochschulen für chinesische Studierende auswirkt. Der bisherige Vorteil der Gebührenfreiheit geht verloren, stattdessen erwächst eine neue Hürde. Andererseits sind aber auch US-amerikanische Hochschulen trotz ihrer wesentlich höheren Studiengebühren nach wie vor Ziel vieler chinesischer Studierender. Zudem hat die wachsende chinesische Wirtschaft auch mehr Wohlstand für die chinesischen Familien gebracht. Es stehen ihnen nun mehr finanzielle Mittel zur Verfügung, die sie vor allem in die eigene Wohnung, in die Bildung und in ein Auto investieren. Das Studium in China ist zudem ebenfalls nicht kostenlos.

### 3.2. Bedarf

Der chinesische Bedarf an internationalen Programmen und Kooperationen ist noch nicht hinreichend systematisch erfasst worden. Es ist fraglich, was China wirklich braucht. Welche Spezialisten werden in dem Land benötigt? Sind es nur Techniker oder auch Geisteswissenschaftler? Im Vordergrund stehen wohl eher Mischqualifikationen, also Techniker mit wirtschaftswissenschaftlicher Ausbildung oder auch Absolventen mit Kenntnissen in Wirtschaft, Recht und Kultur. Es gibt zudem verschiedene Zielgruppen für internationale Angebote: Diese können sich an die Lehrer und Professoren selbst richten (train the trainer), an die Manager (train the manager), an den wissenschaftlichen Nachwuchs wie Doktoranden und Postdocs oder an die normalen Studierenden. Diese unterschiedlichen Zielgruppen haben ein sehr heterogenes Anforderungsprofil an internationale Programme und erfordern unterschiedliche Strukturen.

### 3.3. Sprache

Schließlich stellt sich die Frage nach der anzuwendenden Wissenschafts- und Unterrichtssprache. Englisch ist dabei heutzutage die Standardsprache. Obwohl Deutsch als schwer gilt, scheint es dennoch Nachfrage nach entsprechenden Programmen - wie deutschsprachigen Masterstudiengängen - zu geben. Das Chinesisch-Deutsche Hochschul- kolleg an der Tongji-Universität mit seinem Angebot ist dafür ein Beispiel. Bereits heute lernen ca. 20.000 chinesische Studierende die deutsche Sprache, die als Interessenten für weiterführende Programme in Frage kommen. In China zählt die Gegenwart, und es weht zurzeit eine milde Luft in den deutsch-chinesischen Beziehungen. Diese Chance sollte genutzt werden.

**Vertiefungshinweis:**

*Kooperation deutscher und chinesischer Hochschulen,* Studie im Auftrag des Bundesbildungsministeriums und des DAAD, Mitteilungen des Instituts für Asienkunde Hamburg, Heft 349, Hamburg 2001, 347 Seiten

Hochschulkooperation zwischen Deutschland und China – Bestand und Bedarf in: M. Schüller (Hg.), *Strukturwandel in den deutsch-chinesischen Beziehungen,* 2003. Mitteilungen des Instituts für Asienkunde, Band 370, 2003, S. 203 ff.

## 德中高校合作项目："共同学习，共同研究"
### ——一项由德意志学术交流中心促进的双学位项目

施特凡·哈泽贝尔根博士　　　彼德·哈特格斯

德意志学术交流中心自2001年起举办由德国联邦教研部资助的，名为"共同学习，共同研究"的德中高校合作项目。此项目由德国亚琛工业大学和北京清华大学具体执行。旨在共同设立以英文授课的制造工程和汽车工程硕士专业。

每年最多有10名德国大学生和30名中国大学生可在对方学校完成一部分学业并获得两个学校的学位。在对方学校所得课程学分（或修课证明）因两校具有相同的课程单元而得以互认。此项目奉行实践教学，因此有关专业协会，如德国工程师协会（VDI）等，均参与联系实习名额等事项。除了互派学生之外，这项高校合作项目也计划互派科学家。每年最多有五名中国教授来德国逗留三个月，而德方每年也最多可派遣五名教授前往中国逗留两星期。

2005年3月1日起这项合作项目的规模进一步扩展。现更有柏林工业大学和上海同济大学在城市规划领域，乌尔姆大学和南京东南大学在通讯技术领域参与"共同学习，共同研究"-合作项目。将来德中双方各自承担50%项目费用。

此合作项目是有关为德中工商界培养跨文化与专业能力兼备的管理新生力量的最为重要的项目之一。它在中华人民共和国享有特高价值，因它属优异的中外双学位合作教育项目之列。其地位从德方的视角看也甚特殊，因为德国大学生也能获得双学位。

*Dr. Stefan Hase-Bergen & Peter Hartges*

# Das Deutsch-Chinesische Hochschulprojekt „Gemeinsam Studieren. Gemeinsam Forschen". Ein vom DAAD gefördertes Doppelabschlussprogramm

## 1. Planung und Ablauf des Projekts

Im Februar 2001 wurde auf Initiative der Bundesministerin für Bildung und Forschung der Bundesrepublik Deutschland, Frau Edelgard Bulmahn, und der chinesischen Ministerin für Erziehung, Frau Chen Zhili in Peking ein Memorandum über die Einrichtung gemeinsamer Masterstudiengänge in den Fächern Produktionsverfahren und Kraftfahrwesen an jeweils einer deutschen und einer chinesischen Spitzenhochschule unterzeichnet. Partneruniversitäten sind die RWTH Aachen und die Qinghua-Universität in Peking. Der DAAD wurde auf deutscher Seite mit der Durchführung des Projektes betraut. Partner auf chinesischer Seite sind das Ministry of Education sowie der China Scholarship Council.

Das Projekt wurde in dieser bilateralen Form vom 01.09.2001 bis 28.02.2005 mit Mitteln des BMBF durch den DAAD gefördert. Seit 01.03.2005 ist das Projekt in ausgedehnter Form mit zwei weiteren Hochschulkooperationen in seine zweite Phase getreten.

## 2. Inhalte der Hochschulzusammenarbeit

Bei dieser Hochschulzusammenarbeit geht es inhaltlich um den Aufbau gemeinsamer Masterstudiengänge in den Fächern Produktionsverfahren und Kraftfahrwesen. Vorlesungssprache ist Englisch, was zum einen englischsprachige Unterrichtsmodule und zum anderen auch Hochschullehrer mit guten Englischkenntnisse an beiden Partnerhochschulen bedingt. Vorgesehen ist, dass pro Jahr bis zu 10 deutsche und bis zu 30 chinesische Studierende jeweils im Heimatland das Grundstudium absolvieren bzw. den B.A. erwerben und anschließend im Gastland einjährige Masterkurse besuchen. Im Gastland erworbene Studienpunkte (bzw. Scheine) werden durch in beiden Hochschulen identisch unterrichtete Fachmodule gegenseitig anerkannt. Das Studium wird im Heimatland fortgesetzt, dort wird die Masterarbeit angefertigt und die Abschlussprüfung abgelegt. Beide Seiten verleihen dann ihren jeweiligen Abschluss. Die Besonderheit dieses Programms liegt vor allem darin, dass ein Doppelabschluss nicht nur für Chinesen, sondern auch für Deutsche verliehen wird. Studienbegleitend sollen die Studierenden auch noch die Sprache des Gastlandes lernen. Dafür bieten die Hochschulen spezielle Chinesisch- bzw. Deutschkurse an. Eine Promotion ist bisher nicht in der Förderung vorgesehen. Allerdings gibt es Überlegungen, das Projekt entsprechend zu erweitern.

Da die Ausbildung in dem Projekt sehr praxisbezogen sein soll, werden auch Fachverbände wie der Verein Deutscher Ingenieure (VDI) u.a. für die Einwerbung von Praktikumsplätzen eingebunden. Zusätzlich zu dem Studentenaustausch ist auch ein Wissenschaftleraustausch im Rahmen dieser Hochschulkooperation vorgesehen. Jährlich kommen bis zu fünf chinesische Professoren für je drei Monate nach Deutschland, während die deutsche Seite pro Jahr ebenfalls bis zu fünf Professoren für jeweils zwei Wochen nach China entsenden kann.

## 3. Statistik des Austauschs

Da die Unterrichtsmodule zunächst in Aachen entwickelt und unterrichtet wurden, gab es in den ersten beiden Jahren des Projektes einen einseitigen Austausch von chinesischen Studierenden und Wissenschaftlern nach Aachen. Bisher sind 116 chinesische Studierende nach Aachen gekommen. Für deutsche Studierende war ein Aufenthalt erst mit Einsatz der Module in Peking ab September 2003 attraktiv. Zusätzliche Unsicherheit während der Bewerbungsphase für 2003 wurde durch die SARS Krise ausgelöst.

| | 2001 | 2002 | 2003 | 2004 | 2005 | Gesamt |
|---|---|---|---|---|---|---|
| Chinesische Studierende | 27 | 0* | 30 | 30 | 29 | 116 |
| Deutsche Studierende | 1 | 1 | 6 | 13 | 23 | 44 |
| Chinesische Wissenschaftler | 2 | 4 | 3 | 5 | 4 | 18 |
| Deutsche Wissenschaftler | 0 | 0 | 2 | | | 2 |
| Gesamt | 30 | 35 | 39 | 48 | 56 | 180 |

Tabelle 1: Statistik der jeweils neu Geförderten

*Anmerkungen: 2002 keine neue Gruppe chinesischer Studierender, da die erste Gruppe von 10/2001 bis 3/2003 in Aachen studiert hat. 2005 z.T. geplante Zahlen*

## 4. Betreuung

Die chinesischen Studierenden werden in Aachen von einem eigens für dieses Programm eingestellten Koordinator betreut. Diese Betreuung ist ein wesentlicher Faktor dafür, dass die chinesischen Studierenden bisher mit außergewöhnlichem Erfolg ihr Studienjahr in Aachen absolviert haben. Die Betreuung umfasst u.a. Begleitung und Unterstützung bei Behördengängen (Einwohnermeldeamt, Visa Angelegenheiten), Hilfestellungen bei administrativen Aufgaben (Kontoeröffnung u.a.) sowie die Ausarbeitung eines außerfachlichen Rahmenprogramms (Exkursionen, Betriebsbesichtigungen usw.). Umgekehrt erfolgt die Betreuung an der Qinghua Universität durch das akademische Auslandsamt der Hochschule sowie individuell durch chinesische Kommilitonen, die den deutschen Stipendiaten zugeteilt worden sind. In den vorliegenden Berichten der deutschen Stipendiaten zeigen sich diese mit der Betreuung sehr zufrieden. Während ihres Aufenthalts an der jeweiligen Gasthochschule sind die Studierenden in Studentenwohnheimen untergebracht.

In Aachen stößt das Programm auf zunehmendes Interesse bei den deutschen Studierenden. Das zeigt sich v.a. auch an der wachsenden Zahl von Interessierten für einen Studienaufenthalt in Peking. Für die deutschen Studierenden ist dabei von besonderem Interesse, dass die an der Qinghua Universität abgelegten Prüfungen in Aachen anerkannt werden, so dass der Studienaufenthalt an der Qinghua Universität ohne eine Verlängerung der Gesamtstudiendauer absolviert werden kann. Für die chinesischen Studenten bedeutet dieses gestiegene Engagement in Aachen, dass sie mehr Kontakt zu deutschen Studierenden, die entweder bereits in Peking waren oder demnächst ausreisen werden, bekommen können. Viele Kontakte zwischen den Studenten werden nun auch in Peking geknüpft.

## 5. Industriepraktikum

Im Anschluss an das einjährige Studium an der RWTH Aachen besteht für die chinesischen Studierenden die Möglichkeit, ein Industriepraktikum in einem deutschen Unternehmen zu absolvieren. Nachdem es 2004 gelungen war, 15 Praktikums-Plätze zu vermitteln, gelang es 2005, allen 25 Studierenden, welche Interesse bekundet hatten, ein 2- bis 6-monatiges Praktikum in verschiedenen Industrieunternehmen zu ermöglichen. Für die deutschen Unternehmen eröffnet sich durch das Praktikum die Möglichkeit, hervorragende chinesische Studierende frühzeitig an sich zu binden und ihnen ggf. nach Abschluss des Studiums eine Beschäftigung in ihren Niederlassungen in China anzubieten.

## 6. Perspektiven

Es herrschte zwischen der chinesischen und der deutschen Seite Übereinstimmung darüber, das Hochschulprojekt auf insgesamt drei Universitäten pro Land auszudehnen. Seit 01.03.2005 beteiligen sich nun zusätzlich die TU Berlin mit der Tongji-Universität Shanghai im Bereich Stadtplanung sowie die Universität Ulm mit der Southeastern University Nanjing im Bereich Kommunikationstechnologie an „Gemeinsam studieren. Gemeinsam forschen". Die Auswahl der Hochschulen erfolgte über eine Ausschreibung sowie in gemeinsamer Entscheidung mit der chinesischen Seite. Zukünftig wird das Projekt anteilig zu je 50% pro Seite finanziert. Ein wesentliches Ziel der Ausdehnung des Projekts ist ein ausgewogeneres Verhältnis der Stipendiaten in beide Richtungen. Zudem soll das Programm auch für Selbstzahler geöffnet werden. Bei der Entwicklung der gemeinsamen Curricula wird Wert darauf gelegt, dass es sich nicht nur um deutsche Curricula handelt, sondern dass sich die chinesische Seite in gleichem Ausmaß an der Entwicklung und Erstellung der Curricula beteiligt.

Das Hochschulprojekt ist eines der wichtigsten in Bezug auf die Ausbildung von interkulturell und fachlich qualifiziertem Management-Nachwuchs für die deutsch-chinesische Wirtschaft. Es genießt in der VR China einen besonders hohen Stellenwert, da es zu den herausragenden Programmen mit einem Doppelabschluss zwischen einer chinesischen und einer nicht-chinesischen Hochschule gehört. Aus deutscher Sicht ragt es heraus, weil auch deutsche Studierende einen Doppelabschluss erhalten können.

# 3.2. Workshop II: Schulen: Partnersprachen Deutsch und Chinesisch – Chancen für Beruf und Karriere

研讨会 2　　中、小学：
德语和汉语作为外语在对方国家的职业机遇

*Zhao Caixin*

## Deutschunterricht an Shanghaier Mittelschulen im Rahmen der staatlichen Förderung des multiplen Fremdsprachenunterrichts

Die Einführung des Deutschunterrichts als zweite Fremdsprache an Shanghais Schulen gehört zu den Schwerpunktprojekten im Rahmen der angestrebten Modernisierung der Schulbildung Shanghais und untersteht unmittelbar der Erziehungskommission der Stadt Shanghai. Zurzeit nehmen insgesamt ca. 17 Schulen, die über besonders starke Kompetenz in der allgemeinen Fremdsprachenvermittlung bzw. in der Vermittlung der deutschen Sprache  verfügen, an dem Projekt teil. Ziel ist es, den Schülern, die Deutsch als Wahlfach belegen, nicht nur die deutsche Sprache, sondern auch die deutsche Kultur nahe zu bringen, sowie sie zu mehr Offenheit in einer multikulturellen Gesellschaft zu erziehen. Zu den Herausforderungen gehören insbesondere folgende Aufgabenfelder: Curriculum- und Lehrmaterialentwicklung, Aus- und Weiterbildung qualifizierter Lehrkräfte und die adäquate Integration der Fremdspracheleistung in das bestehende Leistungssystem. Vor diesem Hintergrund soll der der internationale Austausch weiter ausgebaut werden.

# 上海推进多语种外语教学中的中学德语课程

## 赵财鑫

## 一．基本背景

进入21世纪以后的上海，国际化步伐明显加快。上海提出"加强英语与探索多语"发展外语教育的指导思想。探索德语教学同样是针对上海经济发展的现实需要，迈向教育现代化的重要项目内容之一。

## 二．实施的计划

## 1．部署的总体思路

德语主要作为"第二外语"来设置。高中阶段是德语教学探索的主要学段。同时支持在初中和小学中有一定量的学校开设德语课程，体现学有所承、习有所继的相应需要。

## 2．关于管理的体制

由市教委直接领导，市教委相关处室承担具体实施工作：

基础教育处：对全市中小学试验德语教学工作制定实施规划，对试验学校进行布点与管理，与相关区县教育部门的协调联络。

国际交流处：负责联系德国相关机构帮助本市试验德语教学实施，参与德语课程资源的开发，负责对外交流与合作。

教学研究室：对试验德语教学情况进行调研，研订课程标准，指导教材选择与编写，组织各种教学研究活动。

人事处：主要承担中小学德语教学的师资培训组织工作，支持包括德语在内的外语多语种教育工作的推进。

教育考试院：主要承担同升学考试有关的德语教学评价和命题等研究和实施工作。

## 3．实施二级管理体制

对"德语教学试验学校"，实施市、区县二级管理的体制。

德语试验学校必须具备基本的课程实施资源和保障条件。

德语试验必须以学校自愿为基础，自主申报。

## 4．建立专业支撑体系

建立上海市中小学德语教学研究中心组。及时了解德语教育各种信息，组织一定的课题研究、教研联合体（中心组）等，为提高本市中小学外语教育教学质量和水平服务。

建立上海市中小学德语教师培训基地。为全市的德语教学试验工作培训一批教育理念先进、多语种外语专业素质好、知识面较宽、口语和交际能力较强、教学业务水平较高师资队伍。

建立中小学多语种外语教学国际交流机制。包括试验学校与德国相关学校的联络与交流制度，共同合作开展各种课程资源和教材的交流，组织有专题的论坛和研究活动，进行教师培训方面的合作等。

健全中小学多语种外语教学评价机制。包括学习的水平分级与等级考试的整合，课堂教学过程综合评价的创新，课程实施基础和效果评价等。

## 三．实施情况与主要经验

## 1．实施的基础

经过初步调查而知，上海目前正在进行德语教学探索的学校约有17所，其中高中（含完中）11所，初中5所，小学1所。（见附表）

## 2．目前的实施情况

试验学校的选择。有三种类型：一是具有各方面基础，德语教学实施经验和条件都较好的外国语学校；二是某些德语教学优势较明显的特色学校；三是一些市重点中学与寄宿制高中，以对部分学生开设第二外语为主要方向的学校。

德语课程的设置。主要作为第二外语，由部分学生选修。试验高中一般是高一、高二分别有1～2个选修班，各有20～40名学生参加，每周2～4节课。初中和小学，无论学生、课时等一般都要少些。

德语教材的情况。主要有三种情况：一是由学校组织自编的教材；二是选用大学低年级德语教材进行选文改编；三是以简单讲义或活动项目设计的形式。

德语教师的配备。大体有四种情况：一是有本校的专职德语教师；二是本校其他学科中会德语的教师兼职；三是聘请本市大学德语教师为客座教师；四是聘请德语教学的外籍教师，如汉堡派来大同中学任教的教师。

## 3．主要的经验

从学生的实际出发。制定学习目标要考虑学生的基础水平；选择学习内容，必须基于学生的生活经验、不同年　认知的心理特点；教学活动设计要考虑学生的可接受性。

语言教学与文化理解兼顾。除语言知识和学习技能外，还要理解所包含的德语文化，帮助学生形成社会开放的心态素质，具有在多元文化社会中的生活经验。

加强教学研究和交流。为克服德语教师教学中缺少同伴的困惑，上海成立了跨校的"教研组"，围绕问题进行研究，开展经验的交流，以提高课堂教学质量。

创造丰富的教学资源。包括成功的教学案例，可共享的教学资料，教具与学具，挂图与音像等，运用这些资源可以增加教学的生动性，有利于学生对教学内容的理解和掌握。

## 四．困难与挑战

课程标准编制和教材建设。根据上海中小学课程改革总方案，并结合上海区域发展的总体要求，以及学生不同发展的需求特点，编制《中学德语课程教学实施纲要》。根据纲要编写教材要体现学科知识与学习体验的结合、文化素养与技能掌握的结合、预设性与开放性结合、文字与图像结合等，还要体现与信息技术相整合。

　　教师队伍建设与师资培训。大学外语院系要加强中小学德语教师的培养和培训，要造就一批优良师资。要建立师资资源的共享机制，扩大优质教育的得益面。要加强对在任教师的培训。

　　教学考试与评价机制。要重视招生考试外语科目设置改革，根据需要增设语种，以　励德语教学试验。如：为了　励学生掌握两种以上的外语，还可以进行外语"多科测试，合一计分"的试验等。

为此，要推进中学德语教学的国际交流。包括建立对口交流学校；从有关国家引进德语教学试验的课程经验与相关教材；扩大外聘教师队伍，并进行教师培训方面的交流等。

附件1：

上海市中小学德语教学实施点调查情况汇总表

| 区县 | 学校 | 课程设置 | 教师情况 | 其他 |
|---|---|---|---|---|
| 徐汇 | 世界外国语中学 | 选修/周4节 | | 初中 |
| | 上海中学 | 选修/ | | 高中 |
| | 位育中学 | 选修/ | | 高中 |
| 南汇 | 康桥学校 | 选修/周3节 | | 初中预备班 |
| 虹口 | 上海外国语学校 | 选修/周8节 | 专门教师 | 初、高中 |
| 普陀 | 东方曹杨 | 选修/周2节 | | 高中 |
| | 进华中学 | 选修/周3节 | （自编教材） | 初、高中 |
| 黄浦 | 大同中学 | 选修/周4节 | | 高中 |
| | 六十二中学 | 选修/周2节 | | 初中 |
| 浦东 | 进才中学 | 选修/周3节 | | 高中 |
| | 福山外国语小学 | 活动/周2节 | | 小学 |
| 闵行 | 文莱中学 | 选修/周1节 | | 初中 |
| 静安 | 市西中学 | 选修/周3节 | | 高中 |
| | 民立中学 | 选修/周2节 | | 高中 |
| 嘉定 | 嘉定二中 | 选修/周2节 | 专职教师 | 高中 |
| | 上海远东学校 | 选修/周3节 | | 初中 |
| 杨浦 | 同济大学一附中 | 选修/周？节 | | 高中 |

## 项目报告：上海和汉堡之间的学生互访交流

### 馮黛娜

尊敬的女士们、先生们，

多年来上海－汉堡两城市的教育部门之间，两市学校师生之间频繁交流，它使我们两城市和人民走到一起。这些成功的范例之所以能够促成，正是因为我们两个城市高度重视对方的语言教学在本地的推广，以便增进相互了解。当然，人们可以通过已经在全世界普及的英语进行交流。1986年5月29日，当时任上海市委第一书记的江泽民主席，以及当时任职汉堡的克劳斯。多赫纳尼第一市长共同签署了上海与汉堡结为友好城市的协议。与此同时，在汉堡的三所高级中学设立了汉语外语课程。稍后又增加了第四所中学，并在汉堡的中学增加了汉语母语课程。更使我们感到惊讶的是，在人口众多、土地辽阔的中国，在上海的高中也开设了德文外语课程。我很高兴能在此告诉大家，汉语在汉堡的德国高级中学毕业考试中，已正式被纳入考试专业。汉语可以被选作笔试第三考试专业，或口试第四考试专业。

众所周知，有些语言在更大的文化区域中，在社会上层曾经起着跨越国界的沟通作用。在欧洲古罗　时代的地中海地区，这种语言是古希腊语和拉丁文。在欧洲，至十八世纪为止，受过高等教育的人可以用拉丁文轻松地交流思想。

今天，英语被当作世界语言。但是我们也注意到，这个"全球化英语"逐渐开始被简化。与我们日常语言的需求，在商业交往、自然科学、旅游方面的需求相比较，这个语言在多样性上和准确性上变得越来越贫瘠。电脑网络的应用促使这一趋势进一步加速。这种由450个单词构成的国际会议语言还能表达出什么实质性内容？或许在这个全球化时代，一种适用于经济和日常政治生活的跨越国界的语言是必要的。汉堡和上海的中学生已经开始努力学习对方的语言。这种所谓的跨越国界的语言，对于这一代人的交流来说，已经渐渐失去意义。很难想象，一种所谓的世界语言能帮助陌生民族之间真正认识相互的差异。或许可以说，语言才是最能代表一个民族的文化特征，语言在此方面的优势远远超过"全球化英语"。在不久前柏林举行的国际语言大会上最热门的主题正是语言多样化。

中学生交流项目在我们的共同努力下已经度过了第18个年头。我们之间的接触已经远远跨过表层，实现了真正的直接交往和了解。在一个陌生的国家，在一个家庭，在一个学校访问停留三周，只能让学生们初步接触对方的文化。九年前，互访停留时间增加到3个月。时间的延长对一个中学生来说，已不再是一个短暂的逗留，它意味着走进社会、走进生活。我们是不是应当考虑，如果把逗留时间延止半年，甚至一年，那将会怎样？对于一个不久将进大学的高中生，如果他想熟练掌握，并能在未来职业中应用他曾经生活过的国家的语言，我们的这个设想如能成为现实，以便使我们的年轻一代有可能对另一个民族给予实质性认识，并能精通其语言，其意义之深远将不可估量。

在我参与组织学生交流工作的15年多的时间里，我看到交流学生们不断通信往来。上海的学生特别提到，他们在汉堡，在他们生活过的家庭，找到了他们的第二故乡。尽管他们的德语并没掌握得那么流利，他们却仍然感到德文是他们的"母语"。他们很想在这里上大学，很想与德国取得更多的联系。同时，德国学生们想往的是中国。

中学生交流项目从建立到今天，已经结下丰硕的果实。1987年第一批来自上海的学生中的杨冰一先生，几年前被派到中国驻汉堡总领事馆任副领事。Kerstin Kaehler 女士被派往上海德国中心。

前任中华人民共和国驻汉堡领事馆王泰智总领事，在汉堡任职期间，用诗集形式记录下他对这个城市留下的印象。诗集用中文德文双语，取名"中国领事在汉堡"。在中学生交流项目的最出艰难阶段，王总领事与我们同甘共苦，给予我们大力支持。请允许我引用其中一首：

> 相逢玉蘭香亭中
> 東西萬里意相融
> 他日再會芳園里
> 兒孫共慶友誼城

今天，我们的相聚虽然不在玉兰亭下，但我们仍然可以在此为我们多年努力而建立，并发展的友谊祝福。我们寻找一个场所，一种生动活泼的形式，让我们能够不仅为我们的学生，而是进一步为我们两国的未来作出有益的贡献。

（本文由陈晓勇翻译。）

*Helga von der Nahmer*

## Projektbericht: Schüleraustausch Hamburg-Shanghai

Was uns in Shanghai und Hamburg zusammenführt und immer wieder beglückende und auch folgenreiche Begegnungen zwischen Schülern beider Städte aber auch Lehrern und Vertretern von Behörden hervorbringt, ist doch, dass in beiden Städten mit großer Achtung vor der fremden Nation Sprachen gelernt werden, um sich mit einander verständigen zu können. Man könnte ja eine universale Verständigung suchen über das weltweit gelehrte Englisch. Aber seit dem Vertrag zwischen den Städten Shanghai und Hamburg, der am 29. Mai 1986 geschlossen und von dem damaligen Oberbürgermeister und späteren Staatspräsidenten Jiang Zemin und dem damaligen Hamburger Ersten Bürgermeister Klaus von Dohnanyi unterzeichnet wurde, wird in Hamburg an drei, ja seit kurzem vier Schulen das Chinesische als Fremdsprache oder gar Muttersprache angeboten, und – viel erstaunlicher – in dem großen China, in Shanghai wird auch die Sprache des so viel kleineren Deutschlands unterrichtet. Mit Freude kann ich berichten, dass in den Schulen Chinesisch als drittes schriftliches oder viertes mündliches Abiturfach gewählt werden kann, das auch von begabten Schülern angenommen wird.

Sie werden gewiss wissen, dass es immer wieder in großen Kulturbereichen Sprachen gegeben hat, die über Völkergrenzen hinweg der Verständigung der Gebildeten gedient haben. In der klassischen Antike Europas und des Mittelmeerraumes waren dies das Griechische und das Lateinische; und für das Mittelalter, ja z. T. bis in das 18. Jahrhundert hinein konnten sich die Gebildeten Europas auf Latein ohne Mühe verständigen. Heute bietet sich das Englische als Weltsprache an. Doch man beobachtet, dass sich weltweit das "Global English" als eine reduzierte Sprache des täglichen Gebrauchs, des Geschäftsverkehrs, der Naturwissenschaften, des Tourismus, von der Vielfalt und Differenziertheit der englischen Sprache immer mehr entfernt, als Sprache immer ärmer wird. Diese Verarmung wird durch die Computerkommunikation zusätzlich erheblich gefördert. Was aber kann in diesem Rumpf-Englisch, der weltweit benutzten "450-Vokabel-Kongress-Sprache", wie man dies in Deutschland manchmal bezeichnet, noch ausgesagt, noch mitgeteilt werden? So sehr also im Zeitalter der Globalisierung eine lingua franca im wirtschaftlichen und tagespolitischen Alltag ihre Notwendigkeit haben mag, muss die Zukunft nicht einer Generation gehören, die – um beim Beispiel unserer Begegnung zu bleiben – in Hamburg Chinesisch, in Shanghai Deutsch lernt und bemüht ist zu verstehen, was Menschen so fremder Zunge bewegt, so dass der geistige wie der wirtschaftliche Austausch in der Sprache der Partnerländer stattfinden kann? Können wir über eine "Weltsprache" wirklich etwas über die Eigenart fremder Völker erfahren? Die Sprache ist die vielleicht spezifischste Kulturleistung der Völker, und so verdienen die Sprachen den Vorrang vor einem "Global English".

Auf einem Internationalen Sprachenkongress, der vor geraumer Zeit in Berlin stattgefunden hat, ist gerade die Sprachenvielfalt ein herausragendes Thema gewesen. So legte auch der Vertreter der Generaldirektion Bildung und Kultur der Europäischen Kommission in Brüssel dar, dass die Sprachenvielfalt nicht so sehr ein Problem darstelle als vielmehr einen großen Reichtum bedeute. Gewiss ist sogleich erkennbar, dass ein solcher Kongress zunächst ein europäisches Thema behandelt hat: ein großer Kulturraum mit vielen verschiedenen Sprachen. Doch ist dieses wohl auch die Lage der gesamten Welt: viele Kulturräume mit noch viel mehr Sprachen. In der völligen Angleichung der Kulturräume und dem zunehmenden Verschwinden der Sprachenvielfalt kann ich nur eine verheerende Verarmung erkennen.

Der Austausch, den wir nun seit 18 Jahren gemeinsam betreiben, führt nicht zu virtuellen, sondern zu realen Begegnungen, und daran sollte uns mehr denn je gelegen sein. Drei Wochen sind ein Schnuppern in dem jeweiligen Partnerland, in einer Partnerfamilie, einer Partnerschule. Seit neun Jahren gibt es einen "erweiterten Austausch" über drei Monate. Dies bedeutet für die Schüler eine viel größere Anstrengung; es ist dies keine Reise mehr, man taucht viel tiefer in das Leben des anderen Landes ein. Sollten wir nicht nun versuchen, auch die Möglichkeit eines halb- oder ganzjährigen Aufenthaltes zu schaffen? Für Schüler, die im Studium mit Blick auf den späteren Beruf die Sprache des Gastlandes beherrschen wollen, würde dies eine wesentlich vertiefte Kenntnis des anderen Volkes und seiner Sprache erbringen, ihrer Phraseologie, ihrer Bildhaftigkeit, des Geistes, der sie hervorbringt.

Seit mehr als 15 Jahren habe ich nun diesen Austausch begleitet. Mit großen Erwartungen sehe ich in die Zukunft Viele chinesische Austauschpartner schreiben regelmäßig und betonen, dass sie in Hamburg eine wirkliche zweite Heimat gefunden haben in ihren jeweiligen Familien. Auch wenn sie nicht immer des Deutschen mächtig waren, empfinden sie es als ihre Muttersprache. Sie wollen hier weitere Studien betreiben und Kontakte knüpfen. Umgekehrt treibt es die deutschen Schüler nach China. Dieser Schüleraustausch hat bereits sichtbar Früchte getragen. So finden wir aus dem ersten Austausch 1987 Yang Bingyi als Vizekonsul der VR China in Hamburg wieder oder Kerstin Kaehler umgekehrt in Shanghai im German Centre. Diese beiden mögen stellvertretend für die glückliche Zusammenarbeit stehen.

Herr Wang Taizhi, der die VR China in Hamburg für viele Jahre als Generalkonsul vertreten hat, hatte seine ganz eigene Begegnung mit Hamburg. Er hat seine Beobachtungen und Erfahrungen in großer Zugeneigtheit zum Gastland in den Formen der ihm so vertrauten chinesischen Poesie gestaltet; so verstand er sich als Brückenbauer. "Der chinesische Konsul in Hamburg" hat er das Buch genannt, das seine Gedichte in chinesischer und in deutscher Sprache präsentiert. Herr Wang hat gerade in der sehr schwierigen Anfangsphase diesen Schüleraustausch mitgetragen und gefördert. Eines der Gedichte darf ich zitieren:

*Im Pavillon des Magnoliendufts kamen wir zusammen,*
*Ost und West – so fern einander, einander hier so nah.*
*Eines Tages werden in diesem schönen Park*
*Unsere Kinder die Stadt der Freundschaft feiern.*

Heute kommen wir nun nicht im Pavillon des Magnoliendufts zusammen, aber wir würdigen gemeinsam unsere in vielen Jahren gewachsene Freundschaft. Wir wollen einen Ort lebendiger Begegnung in den Schulen und Familien schaffen und damit nicht nur in die Zukunft der Schüler sondern auch in die Zukunft beider Länder bedeutend investieren.

# 玛林塔尔高级中学德汉双语教学部

克里斯蒂安内 • 冯 • 沙赫特迈尔　　　　乌多 • 特茨克

汉堡玛林塔尔高级中学（Gymnasium　Marienthal）经过十余年中文作为外语的课程设置及与上海民立中学深入的学生交流，近两年德汉双语教学部正在建立中。派自中国的教员张博士为五年级的学生教授汉语，此外以汉语为六年级学生教授历史及七年级学生教授地理。初步成绩非常好：中德文化均从活跃与直接的课堂交流中获益匪浅，学生交流和汉语课引起了高度的互利效果，德国学生对汉语课程的兴趣明显地增强。

*Christiane von Schachtmeyer & Udo Toetzke*

**Deutsch-Chinesischer Zweig am Gymnasium Marienthal**

Das Gymnasium Marienthal weist mit ca. 650 Schülern und 55 Lehrkräften eine für Hamburg typische Durchschnittsgröße auf. Es liegt im Bezirk Wandsbek und ist mit öffentlichen Verkehrsmitteln schnell und sicher erreichbar. Unsere Schule hat ein modernes naturwissenschaftliches Profil. Wir verfügen über neu ausgestattete Fachräume und umfangreiche Sammlungen, sodass dem forschenden, eigenverantwortlichen Lernen breiter Raum gegeben werden kann. Im Fremdsprachenbereich können unsere Schüler aus einem Angebot von insgesamt fünf Fremdsprachen ihr Profil entwickeln: Englisch ab Klasse 5, Französisch oder Latein ab Klasse 6, Spanisch ab Klasse 8 oder 11, Chinesisch als Fremdsprache im Wahlbereich ab Klasse 8.

Mit Beginn des Schuljahres 2003/04 hat das Gymnasium Marienthal zusätzlich einen bilingualen deutsch-chinesischen Zweig eingerichtet.
Ziel dieses Projektes ist u.a. die Förderung des muttersprachlichen Unterrichts für Kinder mit chinesischer Herkunft. Chinesisch wird deshalb als gleichwertiges, benotetes Unterrichtsfach bis zum Erlangen der Hochschulreife, dem Abitur, erteilt. Chinesische Kinder und deutsche Kinder lernen in allen Fächern (bis auf Chinesisch) gemeinsam und tragen damit auf einer handlungs- und praxisorientierten Ebene zu einem gelebten kulturellen Austausch bei. Wie groß das Interesse der Schüler

füreinander ist, zeigt sich auch daran, dass mit Beginn des Schuljahres 2004/05 eine Gruppe von knapp 10 deutschen Schülern aus der bilingualen Klasse ebenfalls regulären Chinesischunterricht erhält, wenn auch nicht im gleichen Umfang. Generell lässt sich ein deutlich verstärktes Interesse deutscher Schülerinnen und Schüler am Chinesischunterricht feststellen.

Wie ist es zur Entwicklung dieses bislang einmaligen Projektes gekommen? Chinesischunterricht gibt es am Gymnasium Marienthal schon seit mehr als 10 Jahren, zu Beginn allerdings überwiegend im Neigungskursbereich. Seit dem Jahr 2000 pflegt das Gymnasium Marienthal einen sehr intensiven Schüler- und Lehreraustausch mit seiner Partnerschule, der Minli-Mittelschule in Shanghai. Traditionell während der Märzferien – 2005 zum dritten Mal – fahren unsere Schüler nach Shanghai und erwarten den Gegenbesuch unserer chinesischen Freunde zu Beginn des neuen Schuljahres. Chinesischunterricht und Austausch haben sicherlich dazu beigetragen, dass die Wahl für die Einrichtung eines bilingualen Zweiges auf das Gymnasium Marienthal gefallen ist. Aber auch die Lage, eine Schule im Grünen, die gut erreichbar ist, spielte wohl eine Rolle, vor allem wenn man bedenkt, dass sich im Bereich Wandsbek besonders viele chinesische Familien niedergelassen haben. So wurde schließlich am 20. September 2002 im Rathaus das Memorandum zur Einrichtung des bilingualen Zweiges zwischen Hamburg und der VR China unterzeichnet. Es legt fest, dass ein Chinesischlehrer oder eine Chinesischlehrerin, geschickt und bezahlt aus der VR China, Unterricht an einer staatlichen Schule in Hamburg erteilt. Bereits im folgenden Schuljahr, im Sommer 2003 wurden die ersten chinesischen Schülerinnen und Schüler im Jahrgang 5 eingeschult und wenig später konnte Frau Dr. Zhang, unsere neue Chinesischlehrerin, den Unterricht aufnehmen.

Im Gegenzug wurde im Mai 2004 in Shanghai ein entsprechendes Abkommen unterzeichnet, dass die Entsendung einer Hamburger Lehrkraft für den Deutschunterricht in Shanghai regelt. Die entsprechende Lehrerin hat mit Beginn des laufenden Schuljahres ihren Unterricht ebenfalls aufgenommen.

Unsere Schüler haben im aktuellen Schuljahr bereits zusätzlich auch einen Teil des Geschichtsunterrichts auf Chinesisch und werden im kommenden Jahr zusätzlich im Fach Geografie z.T. auf Chinesisch unterrichtet. In der Übersicht stellt sich das Programm wie folgt dar:

|          | 2003 / 04  | 2004 / 05                    | 2005 / 6                                           |
|----------|------------|------------------------------|----------------------------------------------------|
| Klasse 5 | Chinesisch | Chinesisch                   | Chinesisch                                         |
| Klasse 6 | ---        | Chinesisch Geschichte (Chin) | Chinesisch Geschichte (Chin)                       |
| Klasse 7 | ---        | ---                          | Chinesisch Geschichte (Chin) Geografie (Chin)      |

Ab Klasse 8 aufwärts bleibt es bei den Fächern Chinesisch und Geschichte / Geografie auf Chinesisch. Das bedeutet, dass unsere chinesischen Schüler ab Jahrgang 7 bis zu 20% des Unterrichts auf Chinesisch erhalten. Blickt man auf die vergangenen eineinhalb Jahre andauernden Erfahrungen zurück, so lässt sich Folgendes festhalten:
o   Die chinesische Kultur hat inzwischen einen festen Platz bei uns in der Schule.
o   Unser erstes chinesisches Frühlingsfest hat eine unerwartet große Resonanz – gerade auch bei deutschen Schülern und Eltern – hervorgerufen.
o   Der bilinguale deutsch-chinesische Zweig sorgt für eine besonders hohe Motivation bei deutschen Schülern, bereits in der Unterstufe Chinesisch lernen zu wollen.
o   Die chinesischen Muttersprachler, die auf zwei verschiedenen Leistungsniveaus unterrichtet werden, verzeichnen gute Lernfortschritte.
o   Schüleraustausch und Chinesischunterricht haben einen hohen Synergieeffekt.
o   Von dem regen Erfahrungsaustausch profitieren Lehrerinnen und Lehrer aus der Minli-Schule und aus Marienthal gleichermaßen. Das geht so weit, dass eine gerade pensionierte Lehrerin unserer Schule jetzt für ein Jahr an unsere Partnerschule nach Shanghai gegangen ist, um dort für ein Jahr den Deutschunterricht zusätzlich zu verstärken.

Ingesamt ist der bilinguale chinesisch-deutsche Zweig ein guter Weg, um den chinesischen Kindern den Erwerb oder die Sicherung ihrer muttersprachlichen Kenntnisse zu ermöglichen und außerdem eine gute Möglichkeit, Chinesisch auch als Fremdsprache an der Schule zu verankern. Beides dient dem deutsch-chinesischen Austausch und ist deshalb auch ein wichtiger Standortfaktor für Hamburg.

德国对外文化政策框架内的汉堡市和上海市教师派遣项目

胡贝特·德彭布施

报告对目前中德双方加强中学外语教学合作的共同努力作了概述。各项由联邦与联邦各州开展的合作——报告以介绍汉堡为主——显明双方对对方语言的兴趣日益增长，应在未来创设更多教育及合作项目。

*Hubert Depenbusch*

**Lehrerentsendeprogramm zwischen Hamburg und Shanghai im Kontext der deutschen auswärtigen Kulturpolitik**

Seit dem 1. 9. 2004 unterrichtet eine Hamburger Lehrerin Deutsch an der Datong Schule in Shanghai. Zum Beginn des Schuljahres 2005/2006 wird eine chinesische Lehrkraft Chinesisch am Christianeum und der Ida-Ehre-Gesamtschule in Hamburg unterrichten. Dieser Lehreraustausch wurde am 19. 5. 2005 im Rahmen des ersten Internationalen Bildungsforums in Shanghai zwischen der Behörde für Bildung und Sport Hamburg und der Erziehungskommission Shanghai verabredet. Beide Seiten wollen mit dem unterzeichneten Memorandum einen Beitrag leisten, um die langjährige freundschaftliche Zusammenarbeit in den Bereichen Bildung und Wissenschaft zwischen den Schulen und Hochschulen der beiden Partnerstädte zu vertiefen und so die bestehende gute Kooperation und den freundschaftlichen Austausch intensivieren. Der seit 19 Jahren bestehende Schüleraustausch zwischen Shanghai und Hamburg soll weiter gefördert und ausgebaut werden. Beide Seiten stimmen darin überein, dass dem Fremdsprachenunterricht eine hohe Bedeutung zukommt. Aus diesem Grunde soll der Chinesischunterricht in Hamburg und der Deutschunterricht in Shanghai besonders gefördert werden. Gleichzeitig soll das Verständnis der deutschen und chinesischen Schülerinnen und Schüler für die Kultur der Partnerstadt vertieft werden.

Mit dem Lehrerentsendeprogramm leistet Hamburg Pionierarbeit: Hamburg ist das erste Bundesland, das eine Landesprogrammlehrkraft nach China entsendet und finanziert. Die chinesische Austauschlehrerin aus Shanghai ist bereits die zweite Lehrkraft in Hamburg, die von China bezahlt wird, denn seit dem Schuljahr 2003/2004 unterrichtet eine vom chinesischen Erziehungsministerium in Peking entsandte Lehrerin am bilingualen deutsch-chinesischen Zweig des Gymnasiums Marienthal. Das entsprechende Memorandum wurde am 20. 9. 2002 im Hamburger Rathaus unterzeichnet. Die Bildungsmemoranden von 2002 und 2004 unterstreichen das große chinesische Interesse am Standort Hamburg und an einer Intensivierung der deutsch-chinesischen Bildungs- und Wissenschaftskooperation. Hierbei erhält das wechselseitige Bemühen um die Kenntnisse der Geschichte, der Kultur und der Sprache des Partners eine große Bedeutung. Vor allem das Erlernen der Partnersprache bietet den jungen Menschen in China und Deutschland große zusätzliche Chancen für Beruf und Karriere.

Die Bemühungen Hamburgs um eine Intensivierung der deutschchinesischen Bildungskooperation im Rahmen der Städtepartnerschaft mit Shanghai sind jedoch nicht isoliert, sondern im Kontext des gemeinsamen Bildungsengagements von Bund und Ländern zu sehen. Hier sind an erster Stelle die beiden zur Zeit stark wachsenden Deutschen Schulen in Peking und Shanghai zu nennen. Beide Schulen werden im Rahmen der auswärtigen Kulturpolitik von Bund und Ländern gefördert und sichern den Kindern deutscher Experten in den beiden chinesischen Metropolen eine deutsche schulische Bildung und die deutschen schulischen Abschlüsse. Gleichzeitig spielen die beiden deutschen Schulen in China eine wichtige Rolle im deutsch-chinesischen Bildungs- und Kulturdialog.

Zum Beginn des Jahres 2005 wurde von der Zentralstelle für das Auslandsschulwesen in Köln eine Fachberaterin für Deutsch nach Peking entsandt. Sie ist der Deutschen Schule Peking zugeordnet und koordiniert die Arbeit der von Deutschland entsandten Lehrkräfte in China. Diese sind gegenwärtig als Bundesprogrammlehrkräfte vor allem an den klassischen 14 chinesischen Fremdsprachenschulen tätig. Hierzu gehört auch die Fremdsprachenschule in Shanghai, die seit 1986 jährlich an dem Schüleraustausch mit Hamburg teilnimmt. Die Arbeit der Hamburger Lehrerin, die seit dem Beginn des Schuljahres 2004/2005 in Shanghai an der Datong Mittelschule Deutsch unterrichtet, ist eingebunden in das Netzwerk zur Förderung des Deutschunterrichtes in China. Zu diesem Netzwerk gehört auch der Ständige Ausschuss für Deutsch als Fremdsprache (STADaF) am Generalkonsulat in Shanghai. Die Mitglieder dieses Ausschusses sind die entsandten Lehrkräfte, das Goethe-Institut Shanghai – zur Zeit noch unter dem Dach des Generalkonsulates – und der Leiter der Deutschen Schule Shanghai. Die Leitung der Hamburg-Repräsentanz in Shanghai ist in die Arbeit des STADaF unmittelbar eingebunden.

Das verstärkte Bemühen Deutschlands um die Förderung der deutschen Sprache in China korreliert mit den großen Anstrengungen in China zur Ausweitung des Fremdsprachenangebotes in den chinesischen Schulen. Vorreiter des Fremdsprachenunterrichtes in China waren und sind bisher die sehr nachgefragten und anspruchsvollen Fremdsprachen-mittelschulen. Hierbei handelt es sich um Spezialschulen mit hervorragenden Ergebnissen. Hamburg hat bei der Kultusministerkonferenz erreicht, dass die Schüler der Fremdsprachenmittelschule Shanghai wegen der herausragenden Leistungen die direkte Hochschulzugangsberechtigung an den Hamburger Hochschulen erwerben können, ohne dass der Besuch eines Studienkollegs oder innerchinesische Studiensemester nachgewiesen werden müssen. Vorausgesetzt wird allerdings, dass die Schüler nicht nur einen überdurchschnittlichen Schulabschluss erreichen und die schwierige chinesische Hochschulaufnahmeprüfung bestehen, sondern auch noch das Deutsche Sprachdiplom der Kultusministerkonferenz (KMK) Stufe II (DSD II) erwerben.

Bisher wird das Deutsche Sprachdiplom der KMK lediglich an den Fremdsprachenschulen in Shanghai, Nanjing und Wuhan angeboten. Auch die übrigen Fremdsprachenspezialschulen zeigen ein wachsendes Interesse an einer Einführung des DSD. Sie werden hierbei durch die Fachberaterin in Shanghai unterstützt. Doch auch viele andere chinesische Schulen, so z. B. die Datong Schule und die Jiading Schule in Shanghai, zeigen ein wachsendes Interesse an der Ausweitung des Sprachenprofils und an einem früheren Beginn des Unterrichtes in der 2. Fremdsprache. Im Erziehungsministerium in Peking und in der Erziehungskommission in Shanghai finden derzeit intensive Struktur-Überlegungen über eine Vorverlegung der 2. Fremdsprache statt. In den normalen allgemeinbildenden Schulen wird die 2. Fremdsprache in der Regel erst ab Klasse 10 unterrichtet. Zukünftig soll die 2. Fremdsprache deutlich früher unterrichtet werden, etwa ab Klasse 8.

Die hohe Dominanz des Englischen als unumstrittene erste Fremdsprache ist auch in China deutlich. Aber das Interesse an Deutsch als 2. Fremdsprache neben Französisch, Japanisch, Spanisch und Russisch ist groß und scheint zu wachsen. Der Bund-Länder-Ausschuss für schulische Arbeit im Ausland (BLASchA) hat sich mit dieser Thematik mehrfach beschäftigt. Das Auswärtige Amt bietet über die Zentralstelle für das Auslandsschulwesen zusätzliche Stellen für die Entsendung von Programmlehrkräften nach China an. Die Kultusministerkonferenz bietet mit dem reformierten Deutschen Sprachdiplom (DSD) ein modernes Sprachzertifikat auf unterschiedlichen Kompetenzstufen an. Das DSD ist das einzige Sprachdiplom, das in das jeweilige Schulcurriculum integriert ist und in der Schule vorbereitet wird. Es wird bei steigender Nachfrage weltweit jährlich von ca. 14.000 Schülerinnen und Schülern abgelegt, die damit die sprachlichen Voraussetzungen für ein Studium in Deutschland schaffen. Die Ausweitung des DSD in China ist damit ein wichtiger Beitrag zur Stärkung des Studien- und Wissenschaftsstandortes Deutschland.

Hamburg hat durch seine fast zwanzigjährige Städtepartnerschaft mit Shanghai gegenüber anderen Bundesländern deutliche Standortvorteile im deutsch-chinesischen Bildungs- und Wissenschaftsdialog. Diese Chancen gilt es zu nutzen.

# 汉堡的中文学校

## 张向

在汉堡有数以千计的华人家庭，孩子们在家里有机会说中文，而缺少阅读及写作的练习。学习中文的书面语言，了解中国的文化历史，加强同胞之间的相互联系，为广大华人的共同心愿。

改革开放以后，更多留学生家庭的到来，促成了第一所中文学校于1993的成立。现在在汉堡一共有四所中文学校。540余名学生及60余名教师分在63个班级借助汉堡公立学校的校舍开展教学活动。所有学校均为非盈利性机构，仅收极少的课时费。学校开设有下列课程：儿童中文，成年人中文，成年人德文，中国历史，绘画，音乐，武术，健身体操等。授课的老师都有相应的学历。许多在国内当过多年的老师，教学方式中西结合，课堂里生动活泼，而且与国内的学校建立了校际间的交流关系。

在这里请允许我以中文学校的名义，衷心感谢 Matthias-Claudius 高级中学，Lerchenfeld 高级中学及 Königstraße 小学对我们的支持，同时也衷心感谢汉堡中国总领事馆对我们办学的全面帮助.

*Zhang Xiang*

## Chinesische Schulen in Hamburg

In der Hansestadt Hamburg, auf Chinesisch (Hanbao) auch „Burg der Chinesen" genannt, leben mehrere Tausend chinesische Familien mit Ihren Kindern. Zwar sprechen die Kinder zu Hause Chinesisch, aber es fehlten die Gelegenheiten, Chinesisch zu lesen und zu schreiben. Auf verstärkten Wunsch von chinesischen Eltern und Kindern die Schriftsprache zu lernen, sich mit chinesischer Kultur und Geschichte zu befassen und den Kontakt zu anderen Landsleuten zu fördern, ist die erste chinesische Wochenendschule im Jahre 1993 gegründet worden. Heute gibt es in Hamburg vier Wochenendschulen, die alle ehrenamtlich betrieben werden. Alle Schulen sind gemeinnützige Organisationen, die nur einen geringen Kostenbeitrag erheben.

Insgesamt haben diese Schulen zurzeit 540 Schüler, 60 Lehrerinnen und Lehrer in 63 Klassen und Gruppen. Die Schulen sind meistens zu Gast in Schulgebäuden öffentlicher Hamburger Schulen. Zahlreiche Kurse werden in den Chinesischschulen mit folgenden Schwerpunkten angeboten:

- Chinesisch für Kinder und Erwachsene,
- Deutsch für Erwachsene,
- Geschichte und Kultur,
- Malen und Musik,
- Sport und Gymnastik.

Das Lehrmaterial wird zum großen Teil kostenfrei von dem Hamburger Generalkonsulat der Volksrepublik China zur Verfügung gestellt.

Der Unterricht wird von chinesischen Lehrkräften erteilt, die alle eine Hochschulausbildung haben, davon viele mit pädagogischer Ausbildung und Erfahrung. Der Unterrichtsstil ist an deutschen und chinesischen Geflogenheiten orientiert. Die enge Kooperation zwischen den chinesischen Wochenendschulen und ihren Partnerschulen in China bringt das Chinesischlernen auf den neusten Stand.

Im Namen der chinesischen Schulen möchte ich stellvertretend an dieser Stelle einen herzlichen Dank an die Verantwortlichen des Matthias-Claudius Gymnasiums, dem Gymnasium Lerchenfeld und der Grundschule Königstraße aussprechen.

Ebenfalls danken wir dem Generalkonsulat der Volksrepublik China für deren Unterstützung.

## 3.3. Workshop III: Aus- und Weiterbildung: Kooperationsprojekte und Bedarfe

研讨会3　　培训和进修：合作项目与需求

*Prof. Dr. Mao Dali*

## Der Weiterbildungssektor in Shanghai – Pläne für die internationale Zusammenarbeit, Projekte, Erfahrungen

Um der bestehenden großen Nachfrage nach hoch qualifizierten Fach- und Führungskräften gerecht zu werden, hat die Stadt Shanghai in den letzten Jahren jährlich ca. 3000 Personen zur Aus- und Weiterbildung ins Ausland entsandt. In dem vorliegenden Vortrag werden schwerpunktmäßig Programme mit deutscher Beteiligung thematisiert. Es handelt sich um Programme in unterschiedlichen Bereichen wie beispielsweise Management, Rechtswesen, Gesundheitswesen, Hafenmanagement, etc. Das YTT-Programm im Rahmen der Städtepartnerschaft mit der Stadt Hamburg stellt einen wichtigen Bestandteil der Weiterbildungsmaßnahmen mit deutscher Beteiligung dar. Die Programme haben nicht nur zur besseren Qualifikation der Teilnehmer geführt, sie haben darüber hinaus auch dazu beigetragen, die Zusammenarbeit und den Austausch unserer beiden Städte zu intensivieren und die gegenseitige Freundschaft zu vertiefen. Künftig sollten mittel- und längerfristige Aus- und Weiterbildungsprogramme noch mehr ausgebaut werden. In diesem Zusammenhang wünschen wir uns weitere Unterstützung von der Stadt Hamburg.

上海市的培训和进修教育领域国际合作的计划、项目及经验

毛大立教授、博士

非常荣幸能参加今天的讨论会。在这个会议上，我就上海派遣人员出国培训的情况和与汉堡市的合作方面情况作一个简短的发言。

一、上海的目标是要建设国际化大都市。为此，上海需要一支与发展目标相适应的国际化人才队伍。尤其是上海举办2010年世界博览会的申请取得成功后，对国际开放的程度进一步加大。一些外国政府机构、友好城市、跨国企业和国际组织纷纷来上海，与上海建立友好合作和交流关系。同时，上海参与的国际事务也愈来愈多，对从事国际交流事务人员的素质要求由此不断提升。因此，上海非常需要大量的具有国际事务工作经验的人才。为加快建设这样的人才队伍，上海市政府采取了多种措施，主要有：一是引进国际人才，提供合适的生活和工作条件，吸引愿意到上海来工作的外国专家；二是对现有人才或叫上海本土人才进行培训。上海市通过多种形式主动派遣各级领导干部、各个领域专业技术人员派出国外培训。把人才出国培训作为上海市各级领导干部、企业经营管理人员和技术人员继续教育、也就是终身教育的重要途径之一。上海市政府为保证派遣人员出国培训的有效开展，从资金（主要是外汇）、政策法律、组织机构等方面予以有力支持。期望通过派遣人员出国培训，提高上海国家机关工作人员科学管理水平和参与国际事务的能力；增强企业领导人员运用国际规则的能力；提升专业技术人员与国外同行的合作交流能力，从而提升受培训人员的素质，提高工作效率。

基于上述理由和需求，近年来上海的出国培训工作取得了较快发展，每年派出3000名左右的人员赴美国、加拿大、德国、英国、澳大利亚、日本等20多个主要发达国家进行培训。其中派往德国培训的要占上海出国培训人员的十分之一多。

二、上海派遣人员到德国培训，得到了德国有关方面的支持和帮助。如德国驻沪总领事馆的帮助，德国政府官员和大学教授为上海培训人员讲授专业知识，德国的公司、大学和社区服务部门为上海培训人员安排课程、提供实地参观，考察的场所等等。在此，对德国方面给予上海的帮助表示感谢。

上海派遣人员到德国培训的项目涉及多个领域。主要有：

1、领导管理、公务员管理、法律制度、大城市管理、社区管理等培训。派出人员来自上海各级国家机关的领导人员、公务员，通过培训学习和借鉴德国在这些领域的成功经验，提高受培训人员的管理能力和业务水平。

2、电子出版、卫生保健、城区建设、港口管理、安全生产等专业技术培训。派出人员为上海企业、社会机构、公共事业单位的经营管理人员和专业技术人员。在培训的过程中，学习德国的先进技术，加深上海与德方专业技术人员之间的交流与合作。

三、上海派遣人员到德国培训的一个重要项目，就是作为上海与汉堡友好城市项目之一的上海高级管理人员赴汉堡培训项目。通过这个项目的实施，汉堡市已经为上海培训了40多名上海市机关、企业、公共事业等单位的中层以上管理人员和技术人员，这些人员在汉堡市的企业里接受了德国先进的管理和技术的培训，扩展了自己的知识和能力，增强了双方人员和专业技术的交流。先期接受培训人员中有一些人已经提拔到了上一级的领导岗位。实施这样的项目，不仅为上海培训了专业人才，同时增进了上海人民与汉堡人民的交流和友谊。在这个基础上，上海市和汉堡市又将共同实施 "上海市和汉堡市青年人才培训项目"。这个项目以新的设想，根据两国合作发展的情况，建设成一个上海市和汉堡市相互间的合作交流培训项目，该项目在涉及企业之外，将延伸到社会机构以及行政管理部门。实施该项目的目的在于使上海市和汉堡市未来的领导后备力量了解各自对方国家的企业、社会机构、行政管理部门以及对方国家的文化。同时支持上海市和汉堡市之间在经济、社会机构和行政管理部门等领域的联系和合作交流。

四、加快上海国际化人才的培养进度。根据上海发展对人才素质能力要求和有关部门对出国培训专业的需要，我们今后将逐步增加中青年专业技术、管理人员和各级领导人员的中长期出国（境）培训项目，就是要在国外培训二、三个月以上的时间。上海选派出国培训的人员，是本单位有发展潜力的领导后备人员和技术骨干人员，回来后要发挥重要作用的人员。因此，希望德国汉堡方面能够为上海派出的人员，重点进行领导能力、行政管理、经营管理、国际经济纠纷处理能力等方面的培训，进行教育文化、专利保护、信息和物流技术、能源节约、会展旅游、环境保护、国际港口建设等专业知识和业务技能的培训。帮助上海各类人才的国际化能力素质有更快更大的发展，共同为上海市与汉堡市的进一步交流与合作提供更为广阔的空间。

　　谢谢。

进入中国教育市场：创立与合作途径、框架条件

于尔根·门尼克

职业教育现代——化尤其是在中国加入世界贸易组织之后，日益成为得以胜任其经济与社会福利改革任务的要素之一。由此也为德国进修项目承办机构展现了新的市场机遇。然而，开发中国市场必须充分筹备和拥有长期的进入市场战略。

*Jürgen Männicke*

## Der Zugang zum chinesischen Weiterbildungsmarkt, Gründungs- und Kooperationsmöglichkeiten, Rahmenbedingungen

Ich freue mich über die Möglichkeit, mich mit Ihnen über einige praktische Erfahrungen und Ansatzpunkte zum Thema des „Marktes für berufliche Aus- und Weiterbildungsdienstleistungen" in China austauschen zu können.
Angesichts der kurzen zur Verfügung stehenden Zeit wird sich mein Beitrag auf einige grundlegende Bemerkungen und Anregungen beschränken müssen und kann auf keinen Fall alle Aspekte des Themas ausleuchten. Wichtige Fragen wie die der „Zertifizierungen" oder der praktischen Vorgehensweise auf dem chinesischen Weiterbildungsmarkt müssen hier ausgeblendet bleiben.

Wenn Sie sich als in Deutschland ansässiges Weiterbildungsunternehmen die Frage stellen, warum Sie nun ein internationales Geschäft entwickeln sollten - und dieses ausgerechnet auch noch in China - gilt es zunächst, das gesamte internationale Feld auszuleuchten, wo sich denn für das eigene Angebot bzw. für die eigenen, noch näher zu definierenden Kompetenzen, ein internationaler Markt – also eine zahlungsfähige Nachfrage – entfaltet.
Dazu gibt es bereits eine Reihe von Dokumenten wie z.B. die bereits 2001 im Auftrag des BMBF durch die Andersen-Consulting erstellte Studie zum europäischen und internationalen Weiterbildungsmarkt, in der viele wichtige Informationen und Hinweise enthalten sind.

Auf jeden Fall sollten Sie sich als Bildungsunternehmen bzw. „Bildungsträger" angesichts der intensiven Strukturveränderungen auf dem heimischen, bisher stark von Subventionen geprägten Weiterbildungsmarkt über Ihre langfristige Zielstellung im Klaren sein. Keinesfalls wird sich die Entfaltung eines internationalen Geschäftsfeldes – schon gar nicht in China – als ein geeignetes Instrument dafür erweisen, um z.b. auf dem Inlandmarkt erlittene Umsatzeinbußen kurzfristig zu kompensieren.

Vielmehr trifft hier zu, was auch im „Handbuch der Internationalisierung" bemerkt wurde:

*„In jedem Fall bedeutet Internationalisierung neben einer quantitativen Vergrößerung der zu bewältigenden Führungsaufgaben eine qualitative Anreicherung der Problemstellungen und Lösungsanforderungen.*

*„Neben einer erheblich ausgeweiteten Sachkompetenz ist es hier besonders die an internationalen Gegebenheiten und Erfordernissen orientierte und geschulte Sozialkompetenz, die das Anforderungsprofil für international tätige Unternehmensführungen prägt.*

*Das Besondere der Herausforderung Internationalisierung liegt schließlich in einer Ausweitung des Chancen- und Risikopotenzials vor dem Hintergrund erhöht unsicherer Erwartungen. Angesichts der vielfältigen Unwägbarkeiten internationaler Unternehmenstätigkeit kann von einer Gleichverteilung der Chancen und Risiken oder einer hinreichenden Einschätzung ihrer Eintrittswahrscheinlichkeiten kaum mehr gesprochen werden.*

*Damit wird Internationalisierung zu einer unternehmerischen Herausforderung im ursprünglichsten Sinne, und Pioniergeist sowie Risikofreude werden Tugenden, die analytischem Denken und der Beherrschung moderner Managementinstrumente in nichts nachstehen...."*

*(„Handbuch Internationalisierung", Hrsg. U. Krystek / E Zur, Springer Verlag 2002, Seite 13)*

Sollten Sie nun die unternehmerische Entscheidung getroffen haben, sich dem Weiterbildungsmarkt in China zu widmen ist es sinnvoll, sich zunächst mit den grundlegenden wirtschaftlichen und sozialen Reformen und Entwicklungen in China zu befassen, denn diese bestimmen die Rahmen- und Wirkungsbedingungen für Ihre Tätigkeit in diesem Land. Die Beschaffung und Aufarbeitung umfassender Informationen für Ihre eigene Strategiebildung und Ihren Markteinstieg ist also ein erster, aber unumgänglicher Schritt.

Zu den Kerninformationen gehört dabei eine Übersicht über die „Berufsausbildung" in China, die noch weitestgehend von staatlichen Berufsschulen getragen ist, denen – verstärkt auch durch dem sich fortsetzenden Niedergang der staatlichen Großbetriebe – der Bezug zur Wirtschaft weitgehend fehlt.

Geprägt durch das konfuzianische Bildungsideal legt man in China bis heute größten Wert auf formale theoretische Bildung – demgegenüber werden praktische Fertigkeiten eher gering geschätzt.

Zwangsläufige Folge ist, dass sich die theorielastigen Lehrpläne der Berufsschulen nur in wenigen Ausnahmefällen (und in denen auch nur bedingt....) an den Qualifizierungsbedarfen von Unternehmen orientieren und die in der Wirtschaft zunehmend benötigten praktischen Fertigkeiten daher zu wenig geschult werden.

Zu Recht wird deshalb bereits seit längerer Zeit vor allem in der sich technisch aufrüstenden Industrie, die sich seit dem Beitritt Chinas zur WTO auch wachsenden Qualitätsanforderungen und internationalem Wettbewerb ausgesetzt sieht, ein akuter Mangel an Facharbeitern beklagt. Während die Industrie in den entwickelten Ländern über eine Facharbeiterquote von 30 – 40 % verfügt beträgt diese Rate in China gerade 3,5 – 4 %!

In vielen Boom-Regionen erweist sich der Facharbeitermangel inzwischen als ernsthaftes Entwicklungshemmnis.

Wie auch in anderen Entwicklungsbereichen hat man in der chinesischen Führung die Problemstellungen sehr wohl erkannt und hat begonnen, durch erste Reformbemühungen diesem Mangel zu begegnen.

Kernelemente waren dabei vor allem eine Reduzierung der staatlichen Kontrolle über die Berufsbildung und die Zulassung von privaten Bildungsanbietern, vor allem aber die Adaptierung von ausländischen Modellen und Inhalten, wobei man insbesondere an den Erfahrungen Deutschlands, das in China immer noch als Musterland der Berufsbildung gilt, Interesse zeigt.

Mit der Regelung für die Tätigkeit ausländischer Bildungsanbieter in China vom 01. September 2003 wurden auch erstmalig gesetzliche Rahmenbedingungen für die Zusammenarbeit von chinesischen und ausländischen Bildungsinstitutionen geschaffen. Grundsatz ist dabei, dass ausländische Institutionen nur im Rahmen von gemeinsamen Unternehmen mit chinesischen Partnern, in denen letzterer ein Mehrheitsstimmrecht hat, tätig werden sollen – eine Regelung, die in der täglichen Praxis jedoch sehr viel Spielraum lässt.

Einerseits begünstigen eine Reihe von Umständen die Nachfrage nach ausländischen Aus- und Weiterbildungsangeboten auch im beruflichen Bereich wie
- die hohe und wachsende Nachfrage der Wirtschaft nach Facharbeitern
- die hohe Bereitschaft zu privaten Aufwendungen für Bildung und Weiterbildung
- das hohe soziale Prestige von ausländischen Bildungsabschlüssen
- die (zwar erst langsam) wachsende Akzeptanz beruflich orientierter Bildung, die z.T. bereits höhere Einkommen verspricht als eine akademische Bildung bzw.
- die nachhaltigen Privatisierungsbemühungen im beruflichen Bildungsbereich.

Nicht zu übersehen sind aber auch hemmende Faktoren wie
- die weiter bestehende staatliche Dominanz und „Kontrolle" in der beruflich orientierten Bildung bei gleichzeitig unterschiedlichen Zuständigkeiten („Behördenwirrwarr")
- die „Abkopplung" der Berufsbildung von der Wirtschaft
- Fehlen landesweit vergleichbarer moderner Standards
- Mangelhafte technische und finanzielle Ausstattung der beruflichen Schulen
- Fehlen moderner inhaltlicher Konzepte und Methoden
- Z.T. immense kulturelle und sprachliche Hürden u.a.m.

Wie bei jedem Marketingansatz ist auch beim beruflichen Weiterbildungsmarketing die Zielgruppendefinition wichtig.

Die von deutschen Bildungsanbietern derzeitig noch am intensivsten angesprochene Zielgruppe in China sind vor allem junge chinesische Bürger, die einen beruflichen – in diesem Fall vorrangig aber einen akademischen – Abschluss im Ausland anstreben. Dabei handelt es sich um einen relativ kleinen Anteil einer einkommensstarken Schicht, die vor allem nach sprachlicher und ggf. auch landeskundlicher Vorbereitung auf ein (kostenfreies) Studium in Deutschland nachfragen. Diese Zielgruppe soll hier jedoch nicht weiter untersucht werden, da sie nicht in das enger beschriebene Feld der „beruflichen Aus- und Weiterbildung" gehört und darüber hinaus durch die bekannten Neuregelungen des Aufenthaltsgesetzes mittlerweile erhebliche Schwierigkeiten bei der Erlangung von Aufenthaltsgenehmigungen in Deutschland entstanden sind.

Demgegenüber sind für deutsche Weiterbildungsanbieter die chinesischen Einrichtungen der beruflichen Aus- und Weiterbildung (staatliche und private) eine wichtige Zielgruppe.
Dort gibt es allein schon aus wirtschaftlichen Erwägungen eine hohe Motivation zur Entwicklung moderne Aus- und Weiterbildungsangebote, die durch den zunehmenden Wettbewerb zwischen chinesischen Bildungsanbietern erzeugt wird.
In dieser Zielgruppe sind durchaus jene vom chinesischen Gesetzgeber geforderten Partner für ausländische Weiterbildungsanbieter zu finden, mit denen gemeinsame Programme und Projekte entwickelt werden können, die am chinesischen Weiterbildungsmarkt platziert werden können. Die dafür gegebenen Rahmenbedingungen sind jedoch regional sehr unterschiedlich, wobei auch die Hürden und Hemmnisse durch die kulturellen und kommunikativen Schwellen sowie die geringen finanziellen Spielräume dieser Partner weitere Einschränkungen mit sich bringen. Der „schnelle Euro" kann mit diesen Partnern nicht erwirtschaftet werden, sondern eine Zusammenarbeit erfordert eher ein langfristiges Engagement mit eigenen Investitionen, einer regelrechten Neuentwicklung von „Weiterbildungsprodukten" und langen Wegen zum „break even" and „return on investment".
Die „Erscheinungsformen" in dieser Zielgruppe sind sehr unterschiedlich. Hier finden wir auf der einen Seite neue, äußerlich sehr moderne und mit einem hohen Investitionsaufwand in jüngster Zeit errichtete staatliche „Model Units", die jedoch oft überdimensioniert sind und – wie andere staatliche Berufsschulen auch – trotz eines modernen Erscheinungsbildes weiterhin nicht über moderne, praxisorientierte Bildungsinhalte und Konzepte verfügen.
Daneben sind auch „Berufsschulen" zu finden, die aus ehemaligen Bildungseinrichtungen von Ministerien oder großen staatlichen Konzernen hervorgegangen sind, die zum Teil über eine wertvolle „Erbschaft" in Form von Ausbildungswerkstätten u.ä. Praxiseinrichtungen verfügen, die aber auch nach modernen Inhalten und Methoden beruflicher Bildung suchen. Ähnlich ist die Situation auch in anderen staatlichen Einrichtungen

wie Bildungszentren von Behörden, die mit hohem materiellem Investitionsaufwand modern ausgestattet wurden, ohne dabei jedoch entsprechende moderne praxisorientierte Konzepte zu entwickeln oder gar auch das Lehrpersonal auf die neuen Anforderungen der beruflichen Aus- und Weiterbildung hinreichend vorzubereiten.

Wo viel Licht ist, da findet man auch viel Schatten: Viele Anfragen nach Auslandkooperationen werden von jenen Berufsschulen gestellt, die weder mit Investitionen bedacht wurden noch auf ältere Ressourcen zurückgreifen können und die nun ihr Heil in der Zusammenarbeit mit ausländischen Partnern suchen – dabei vor allem auf finanzielle Hilfe hoffen. Hier ist für deutsche Weiterbildungsanbieter Vorsicht geboten bei der Auswahl möglicher Partner.

Private berufliche Bildungsanbieter bieten gegenüber staatlichen Einrichtungen eine oft praktischere Alternative für Kooperationen. Diese Anbieter müssen einerseits nach wirtschaftlichen Grundsätzen arbeiten und sind in ihren Entscheidungen oft viel flexibler, benötigen im Wettbewerb andererseits moderne Angebote. Dennoch ist auch bei solchen Partnern oft eine lange Vorbereitungszeit für die gegenseitige Verständigung und inhaltliche Abstimmung erforderlich.
Aber auch hier ist bei der Wahl möglicher Partner Vorsicht geboten, denn auch in China gibt es die sprichwörtlichen „schwarzen Schafe", die hoffen, im Bildungsbereich schnelles Geld verdienen zu können und dabei auch ausländische Partner gern für sich instrumentalisieren.

So gut wie noch gar nicht wird von den deutschen Weiterbildungsanbietern die Zielgruppe der Unternehmen in China wahrgenommen, bei denen beruflicher Weitbildungsbedarf jedoch zuerst und unterlegt durch wirtschaftliche Zwänge (z.B. WTO!!!) entsteht, während nationale Anbieter diese Bedarfe in der Regel (noch) nicht umfassend bedienen können.

Bei diesen „Nachfragern" kann es sich einerseits um deutsche Unternehmen handeln, die Fertigung oder Vertrieb in China aufbauen und dabei regelmäßig nicht um die Schulung von einheimischem Personal herumkommen.
Andererseits entsteht mit der technologischen Entwicklung auch in chinesischen Unternehmen ein wachsender Weiterbildungsbedarf, der

jedoch nicht mit in Deutschland entwickelten und in das chinesische übersetzten „Standardkursen" bedient werden kann.

Ohne die Entwicklung einer eigenen „China-Kompetenz", ein professionelles und auf China bezogenes Marketing sowie eine auf die Kunden orientierte „Produktentwicklung" wird jeder Bildungsanbieter – wie auch jeder andere Dienstleister – seine Ziele nicht erreichen können.

Um sich in diesem Sinne als international aufgestellter Weiterbildungs-Dienstleister zu profilieren sind viele Aufgaben gleichzeitig zu verfolgen wie
- die Informationsbeschaffung und –auswertung
- die eigene interne Strategiebildung und Ressourcenentwicklung
- der Aufbau von nationalen und internationalen Netzwerken und Verbindungen
- die Partnersuche und Partneridentifizierung (und ggf. auch dessen „Schulung")
- die Markt- und Bedarfsanalyse sowie die Entwicklung von adäquaten Marketinginstrumenten und „Vertriebsformen"
- die Schaffung der Finanzierungsvoraussetzungen usw. usf.

Diese komplexen Aufgabenstellungen sind – wie auch die Erfahrungen aus der Wirtschaft zeigen – selbst für große Unternehmen nur mit einem hohen Aufwand und oft nur unter Inanspruchnahme von externen Ressourcen lösbar.

Weiterbildungsanbieter, die in der Regel nur über begrenzte Ressourcen verfügen, sollten vor dem Beginn eines China-Engagements also genau prüfen, ob sie den Herausforderungen dieses „Marktes" gewachsen sind.

在德国为中国留学生举办进修项目的经验汉堡拉科学校实例

安克·库莱萨

报告对汉堡拉科（Rackow）学校与浙江省科学技术协会的合作经验作了介绍。拉科学校与该协会创设了一项提高中国高中毕业生德语水平的项目，为中国青年开展位于德国北莱茵-威斯特法伦州（Nordrhein-Westfalen）的一所职业学院的学习进行准备。报告叙述了在计划与实行此类合作项目期间所必须克服的阻难，以此阐明了向学生提供全面辅导的必要性。此外也解释了规范职业教育的外语水准的必要性，及促进此类职业培训的外国人政策稳定的必要性。

*Anke Kulessa*

**Erfahrungen bei der Durchführung von Qualifizierungsangeboten für Chinesen in Deutschland Rackow-Schule Hamburg - ein Beispiel aus der Praxis**

Die Rackow-Schule GmbH ist eine private Institution der Erwachsenenbildung im kaufmännischen Bereich mit traditionell 3 Säulen – Umschulung, Weiterbildung und Sprache. Die Rackow-Schule gehört zu einem internationalen Verbund – der Stiftung Bildung und Handwerk. Das Angebot reicht von technisch-gewerblicher Qualifizierung bis hin zu einer privaten Fachhochschule (FHM) in Bielefeld.

Am Anfang unserer China-Aktivitäten stand im November 2001 eine Bildungsmesse in der südchinesischen Stadt Hangzhou, Hauptstadt der Provinz Zhejiang, ca. 2 Autostunden von Shanghai entfernt. An unserem Stand informierten sich Bildungsinstitutionen und Vermittlungsagenturen, vor allem aber Eltern, die an Bildungsangeboten für ihre Kinder in Deutschland interessiert waren.
Hier zeigte sich deutlich, dass China einen Markt für Bildungsträger bietet. Viele Familien sind bereit, in die Ausbildung ihrer Kinder zu investieren. Ebenso deutlich wurde auch, dass die Eltern für ihre Kinder zumeist eine akademische Ausbildung anstreben, auch dann, wenn die Kinder damit intellektuell überfordert werden. Die chinesische Regierung hat jedoch

längst erkannt, dass nicht Akademiker, sondern Facharbeiter auf dem chinesischen Markt fehlen. Sie wirbt und handelt dementsprechend.

Für uns attraktiv war die Anfrage einer großen halbstaatlichen Organisation namens ZAST, die sowohl von Peking als auch von der Provinz Zhejiang unterstützt wird und schon seit 1958 tätig ist. ZAST steht für *Zhejiang Vereinigung für Wissenschaft und Technologie* und verantwortet ebenso Wissenschaftsaustausch wie Programme zur Berufsqualifikation. Partner in Deutschland sind Hochschulen wie auch Industrieunternehmen. ZAST suchte einen Partner, der im Rahmen eines Ausbildungsprogramms für Oberschulabsolventen deren fremdsprachliche Qualifizierung übernehmen konnte. Die jungen Chinesen sollten auf den Besuch eines Berufskollegs in Nordrhein-Westfalen vorbereitet werden. Begleitet von gegenseitigen Delegationsbesuchen in Deutschland und China schlossen wir schließlich einen Kooperationsvertrag mit ZAST. Ich möchte jetzt in den wesentlichen Schritten, von der Einreise über den Aufenthalt erst in Hamburg und später in Nordrhein-Westfalen, bis zum heutigen Stand unsere Erfahrungen schildern. Besonders die Hürden, die zu überwinden waren – denn darum soll es ja in diesem Erfahrungsbericht aus der Praxis gehen.

**1.) Die Einreise**

Es kam zu erheblichen Verzögerungen bei der Erteilung der Einreisebewilligungen. Eine Antragstellung als Gruppe ist nicht möglich. Jeder beantragt individuell. Der Flug musste verschoben werden, der Sprachkurs startete verspätet. Das sind Verzögerungen, mit denen immer gerechnet werden muss – mit allen finanziellen Konsequenzen, so muss z.B. angemieteter Wohnraum bezahlt werden. In unserem Falle handelte es sich um Zimmer in einem Wohnheim. Der Vermieter war kulant, wir mussten nur die halbe Miete bezahlen.

**2.) Der Aufenthalt**

Zuerst möchte ich über den Sprachkurs an der Rackow-Schule in Hamburg sprechen.
Zum Zweck der Qualitätssicherung war ein Kollege der Rackow-Schule nach Hangzhou geflogen, um den Sprachstand der Teilnehmer, die ausreisen sollten, festzustellen. Alle 30 Schüler und Schülerinnen, die in das Programm aufgenommen wurden, sollten zu diesem Zeitpunkt schon

zehn Monate interkulturelle Vorbereitung und Deutschkurs durchlaufen haben. Es unterrichten für ZAST gut ausgebildete chinesische und deutsche Lehrkräfte. Es wurde jedoch sofort deutlich, dass gut die Hälfte der Schülergruppe sprachlich noch nicht weit genug war, ein solches Ausbildungsprogramm in Deutschland erfolgreich zu absolvieren. Aus unserer Sicht sollten diese Schüler deshalb noch nicht ausreisen. Unser Kooperationspartner drängte darauf, alle mitzunehmen, schließlich wären schon hohe Investitionen an Zeit und Geld gemacht, sollten die jungen Menschen eine Chance bekommen und könnte man doch in Deutschland sprachlich vieles aufarbeiten.

Dieser Konflikt – Qualitätssicherung versus wirtschaftliche Überlegungen – ist nicht leicht zu lösen. Sprache als vielleicht wichtigster Faktor und Basis für den Erfolg einer wie auch immer gearteten Aus- oder Weiterbildung in Deutschland wird aus unserer Erfahrung meist unterschätzt und ist häufig verantwortlich für den Misserfolg eines Projekts. Wir konnten mit der Einteilung in kleine Lerngruppen, Förderunterricht und dank der Unterstützung der Sinologen der Hamburger Universität mit der Vermittlung von Patenschaften zwischen Sinologiestudenten und unseren chinesischen Schülern viel aufholen. Trotzdem erreichte nur ein Drittel der Gruppe nach diesen zehn Monaten intensiven und extensiven Deutschunterrichts den für eine Ausbildung an einem Berufskolleg erforderlichen Sprachstand.

Schon in Hangzhou waren die jungen Chinesen gemeinsam in einem Studentenwohnheim untergebracht, um zu lernen, ihren Alltag getrennt von den Eltern zu regeln. Trotzdem gab es massive Probleme mit dem Umgang der persönlichen Freiheit in Deutschland, z.B. mit regelmäßigem Schulbesuch, Sozialverhalten in der Gruppe und besonders Sauberkeit und Lärmbelästigung im Studentenwohnheim. Ich möchte das hier nicht weiter ausführen, obwohl ich Bände erzählen und Romane schreiben könnte. Aber ich möchte doch jedem, der ein solches Programm plant, raten, sich eine Allroundkraft zu suchen, die rund um die Uhr zur Verfügung steht. Gebraucht werden Herbergseltern, Hausmeister, Psychologen und vieles mehr. Der Betreuungsaufwand der jungen Chinesen im deutschen Alltag war enorm. Einige Schüler wechselten zu Hamburger Gastfamilien. Trotz mancher Schwierigkeiten war das sehr erfolgreich, aber auch hier wieder für uns mit zusätzlichem Aufwand verbunden.

Jetzt komme ich zum Standortwechsel nach NRW.

Alle Formalitäten rund um den Umzug und die Aufnahme in die Berufskollegs sollten durch einen chinesischen Partner von ZAST mit Sitz in Düsseldorf, also vor Ort, geregelt werden. Als wir feststellen, dass nichts geregelt war und einspringen mussten, war es schon fast zu spät. Denn für einen Ausbildungsplatz ist neben der Anerkennung der chinesischen Schulzeugnisse auch eine sehr frühzeitige Bewerbung erforderlich. Auf solche unvorhergesehenen Probleme – die weder im Finanz- noch im Zeitbudget einkalkuliert sind – muss man aus unserer heutigen Erfahrung immer gefasst sein.

Die Schulen verlangen in der Regel einen Aufnahmetest, der das für die Ausbildung erforderliche Fachwissen – nicht aber Deutsch – prüft. Einerseits wird also fachlich zu einem Zeitpunkt, an dem die Schüler sprachlich dazu noch nicht in der Lage sind, geprüft. Andererseits gibt es zu keiner Zeit verbindliche Vorgaben für die Deutschkenntnisse.

Wir wünschen uns hier die Definition von Sprachstandards in Form von anerkannten Sprachzertifikaten für die Zulassung zu einer Ausbildung wie sie z.B. auch für ein Studium in Deutschland verbindlich sind. Schon im Visumsantrag beim Generalkonsulat in Shanghai war als Zweck des Aufenthalts der Besuch eines Berufskollegs mit dem Ziel einer Assistenten-Ausbildung genannt und wurde so genehmigt. Aber während des Aufenthalts der Gruppe in Deutschland änderte sich die Politik der Bundesregierung. Plötzlich – genau gesagt ab Mai 2003 – war die berufliche Erstausbildung junger Chinesen in Deutschland nicht mehr im öffentlichen Interesse der Bundesregierung, auch wenn das die einzelnen Bundesländer durchaus anders sahen und wünschten. Eine Aufenthaltsgenehmigung zum Zweck einer Ausbildung in Deutschland sollte nicht mehr erteilt oder verlängert werden. Davon waren nicht nur Hamburg und NRW, sondern auch andere Bundesländer betroffen.

In diesem Zusammenhang möchte ich aus einem Gesuch der Ministerpräsidentin des Landes Schleswig-Holstein vom Juli 2003 an den Bundeskanzler zitieren. Frau Simonis schrieb: „Meiner Ansicht nach ist Bildung, insbesondere auch berufliche Erstausbildung, eine internationale marktfähige Dienstleistung und sollte entsprechend offensiv gefördert werden. Bildung und Ausbildung auch von Nicht-EU-Bürgern sind im

Zuge der zunehmenden Globalisierung die Grundlage für Außenhandel und Wirtschaftsbeziehungen."

Dieser Meinung können wir uns nur anschließen. Aufgrund der veränderten Gesetzeslage entstanden nicht nur Probleme für die Teilnehmer, sondern wurde auch das Vertrauen der chinesischen Seite in uns erheblich gestört. Die Aufenthaltsproblematik der Schüler konnte nur über ein gerichtliches Einspruchsverfahren gelöst werden und endete mit einer Duldung in Deutschland für die Dauer der Ausbildung. Einer zweiten Gruppe, die in China nach ihrer Sprachausbildung zur Ausreise bereit stand, mussten wir absagen und das Ausbildungsprogramm bis auf weiteres stoppen.

Damit bin ich beim heutigen Stand angekommen.
Wir begrüßen die China-Initiative des Hamburger Senats sehr. Denn wir sind sicher, dass es am Standort Hamburg ausreichend Angebote Hamburger Bildungsträger zur beruflichen Ausbildung oder Qualifizierung junger Chinesen gibt. Wir haben z.B. im eigenen Haus eine staatlich genehmigte Berufsfachschule für Logistik. Dieses Bildungsangebot ist bei unserem letzten Besuch in China im Januar diesen Jahres auf große Resonanz gestoßen, sowohl in Gesprächen mit Berufsschulen in Suzhou als auch in Shanghai hinsichtlich der EXPO 2010. Deshalb wünschen wir uns, dass der Hamburger Senat bzw. die Behörde für Inneres die rechtlichen Rahmenbedingungen und damit die Sicherheit für Bildungsanbieter und Teilnehmer schafft, um in Zukunft Ausbildungsprogramme gemeinsam mit chinesischen Kooperationspartnern verlässlich in Hamburg durchführen zu können.

培训与进修：汉堡对来自中国的项目参加者的法律框架条件（1）

克里斯蒂安内·莱克斯-阿舒阿格博尔

德国对来自中国的培训与进修项目参加者制定了严紧的法律条例。参加全日制的语言强化培训课程的学生，如自备足够的生活费用，最久允许注册一年。来德国接受中小学教育是不被允许的。在某种情况下允许参加企业进修项目。无论如何，入境之前必须向有关德国驻外国使馆申请注明具体逗留意图的签证。

*Christiane Lex-Asuagbor*

## Aus- und Weiterbildung: Rechtliche Rahmenbedingungen für chinesische Teilnehmer in Hamburg (I)

Die Rahmenbedingungen für die Aus- und Weiterbildung von chinesischen Teilnehmern in Hamburg beruhen auf den folgenden Rechtsgrundlagen:

- § 16 Abs. 5 Aufenthaltsgesetz: „Einem Ausländer kann eine Aufenthaltserlaubnis zur Teilnahme an Sprachkursen, die nicht der Studienvorbereitung dienen, und in Ausnahmefällen für den Schulbesuch erteilt werden. [...]
- § 17 Aufenthaltsgesetz „Einem Ausländer kann eine Aufenthalts-erlaubnis zum Zweck der betrieblichen Aus- und Weiterbildung erteilt werden, wenn die Bundesagentur für Arbeit nach § 39 zugestimmt hat oder durch Rechtsverordnung nach § 42 oder durch zwischenstaatliche Vereinbarung bestimmt ist, dass die Aus- und Weiterbildung ohne Zustimmung der Bundesagentur zulässig ist. [...]"

In Bezug auf Sprachkurse gelten die folgenden Anforderungen:
- Es muss ein Intensivsprachkurs sein mit begrenzter Dauer, täglichem Unterricht und mindestens 18 Wochenstunden.
- Er muss ausgerichtet sein auf den Erwerb umfassender deutscher Sprachkenntnisse.
- Es dürfen keine Abend- oder Wochenendkurse vorliegen

Sonstige Bedingungen umfassen die folgenden:
- Es müssen ausreichende Mittel zur Sicherung des Lebensunterhalts einschließlich einer Krankenversicherung (etwa 600 Euro/Monat) vorhanden sein.
- Eine Verpflichtungserklärung nach § 64 Aufenthaltsgesetz reicht aus.
- Eine Erwerbstätigkeit ist nur in den Ferien möglich und wenn die Arbeitsagentur zustimmt.

In Bezug auf die Dauer des Sprachkurses gilt:
- Die Verlängerungsmöglichkeit umfasst maximal 12 Monate.
- Eine Verlängerung für einen anderen Aufenthaltszweck ist nur bei vorheriger Ausreise möglich, es sei denn, es besteht ein gesetzlicher Anspruch (etwa bei Familiennachzug).

Als Fazit kann angemerkt werden, dass die Einreise unter den oben genannten Bedingungen nur empfehlenswert ist, wenn lediglich der Erwerb deutscher Sprachkenntnisse angestrebt wird. Sie ist nicht empfehlenswert, wenn anschließend ein Studium in Deutschland geplant ist. In diesem Fall ist von Beginn an ein Studienbewerbervisum unter Beteiligung der akademischen Prüfstelle der Botschaft Peking zu beantragen.

Die notwendigen Schritte des Verfahrens sind die folgenden:
- Es ist ein entsprechendes Visum bei der zuständigen deutschen Auslandsvertretung zu beantragen.
- Die deutsche Auslandsvertretung beteiligt in diesem Verfahren die künftig zuständige Ausländerbehörde zur Prüfung der übrigen Voraussetzungen.
- Nach der Einreise wird das Visum von der zuständigen Ausländerbehörde als Aufenthaltserlaubnis nach § 16 Abs. 5 Aufenthaltsgesetz verlängert.

Im Gegensatz zur Aus- und Weiterbildung gilt im Bereich der schulischen Ausbildung, dass Aufenthaltserlaubnisse für den Besuch einer Schule nur in wenigen Ausnahmefällen möglich sind. Neuerdings sind sie sogar ausgeschlossen bei Staatsangehörigen von Staaten, bei denen die Rückführung eigener Staatsangehöriger auf Schwierigkeiten stößt. China gehört bislang zu diesen Staaten. Neuerteilungen sind somit ausgeschlossen. Die Botschaften erteilen auch keine entsprechenden Visa mehr. Altfälle genießen Bestandsschutz, d.h. wer eine Aufenthaltsbewilligung zum Besuch einer bestimmten Schule erhalten hat, kann seine Ausbildung dort abschließen, eine weitere Verlängerung ist jedoch nicht möglich.

Im Rahmen der betrieblichen Aus- und Weiterbildung ist zu unterscheiden zwischen zustimmungspflichtigen und zustimmungsfreien Aus- und Weiterbildungen. Zustimmungspflichtige Ausbildungen sind Ausbildungen nach dem Berufsbildungsgesetz bzw. der Handwerksordnung (HW) sowie Ausbildungsgänge in berufsbildenden Schulen, die einem Beschäftigungsverhältnis gleichzusetzen sind, da sie durch die Bezahlung einer Ausbildungsvergütung den Charakter eines Beschäftigungsverhältnisses haben. (Insbesondere im Bereich der Kranken-, Entbindungs- und Altenpflege).

Die Bundesagentur für Arbeit erteilt ihre Zustimmung zu zustimmungspflichtigen Ausbildungen nur nach Vorrangprüfung, das heißt, die Zustimmung wird nur erteilt, wenn dadurch die Ausbildungsmöglichkeiten bevorrechtigter und ausbildungswilliger Bewerber nicht beeinträchtigt werden.

Zustimmungspflichtige Weiterbildungen sind somit die folgenden:
• Qualifizierungen
• Traineeprogramme international tätiger Unternehmen
• Einarbeitungen zur Vorbereitung einer Einstellung im ausländischen Unternehmen
• Einweisungen zur Optimierung von Geschäftsbeziehungen

Die Voraussetzungen für die Zustimmung der Bundesagentur für Arbeit zu zustimmungspflichtigen Weiterbildungen lauten wie folgt:
• Es muss einen aussagekräftigen Weiterbildungsplan geben.
• Eine angemessene Unterweisung muss erfolgen.
• Es muss eine angemessene Vergütung (mindestens der Hilfsarbeiterlohn der entsprechenden Branche) gezahlt werden.

Das entsprechende Antragsverfahren stellt sich wie folgt dar: Zunächst ist ein entsprechendes Visum bei der zuständigen deutschen Auslandsvertretung zu beantragen. Die deutsche Auslandsvertretung beteiligt in diesem Verfahren die Bundesagentur für Arbeit zur Einholung der erforderlichen Zustimmung sowie die künftig zuständige Ausländerbehörde zur Prüfung der übrigen Voraussetzungen. Nach der Einreise wird das Visum von der zuständigen Ausländerbehörde als Aufenthaltserlaubnis nach § 17 Aufenthaltsgesetz verlängert.

Zustimmungsfreie Aus- und Weiterbildungen hingegen sind die folgenden Beispiele: (nach § 2 Beschäftigungsverordnung für bestimmte Praktika)
• EG-Förderprogramme,
• internationale Austauschprogramme von Verbänden oder öffentlich-rechtlichen Einrichtungen oder studentischen Organisationen im Einvernehmen mit der Bundesagentur für Arbeit,
• Regierungspraktikanten mit Stipendium

Das entsprechende Verfahren läuft wie folgt: Es ist ein entsprechendes Visum bei der zuständigen deutschen Auslandsvertretung zu beantragen. Die deutsche Auslandsvertretung beteiligt in diesem Verfahren die künftig zuständige Ausländerbehörde zur Prüfung der übrigen Voraussetzungen. Nach der Einreise wird das Visum von der zuständigen Ausländerbehörde als Aufenthaltserlaubnis nach § 17 Aufenthaltsgesetz verlängert.

培训与进修：汉堡对来自中国的项目参加者的法律框架条件（2）

雷娜特·　腾施泰纳

就属于德国驻中国大使馆网页有关"申请工作或实习签证"部分的签证申请者——例如在中国高校注册的学生而言，德国职业介绍中心（ZAV）是他们的"敲门砖"。如经德国职业介绍中心同意，有关大学生可以在德国参加为期可长至一年的专业实习。

对上列案例如需要其他信息，请向德国职业介绍中心咨询：
Zentralstelle für Arbeitsvermittlung (ZAV)
Studentenvermittlung 212.12
53107 Bonn
电话： +49 (0)228 713-1330
传真： +49 (0)228 713-270-1037
电子信箱：Bonn-ZAV.info-auslaendische-studenten@arbeitsagentur.de

*Renate Weitensteiner*

## Aus- und Weiterbildung: Rechtliche Rahmenbedingungen für chinesische Teilnehmer in Hamburg (II)

Aus dem Aufgabenkatalog, welcher der Zentralstelle für Arbeitsvermittlung (ZAV) im Netzwerk der Bundesagentur für Arbeit (BA) bundesweit obliegt, sind in diesem Beitrag die ordnungspolitischen Aufgaben der ZAV im Falle betrieblicher Weiterbildung von Ausländern in Deutschland zu erläutern.

In dem Segment, das die deutsche Botschaft in China auf ihrer Homepage unter der Rubrik Anträge für nationale Visa mit Visum zur Arbeitsaufnahme oder zum Firmenpraktikum titelt, ist die ZAV „Türöffner", wenn es um Studenten geht, die z. B. in China an einer Hochschule immatrikuliert sind. Diese Studenten können ein studienfachbezogenes Praktikum in Deutschland bis zu einem Jahr absolvieren, wenn die betriebliche Weiterbildung im Einvernehmen mit der ZAV erfolgt (Fallgruppe a)). In Fallgruppe b) geht es im Personen, die einen Studien- oder Berufsabschluss

z. B. in China erlangt haben und eine darauf aufbauende betriebliche Weiterbildung in Deutschland anstreben.

Was die Fallgruppe a) anbelangt, empfehle ich einem potentiellen Weiterbildungsbetrieb, zunächst das so genannte Einvernehmen in Vertretung für den Studenten bei der ZAV einzuholen und dann, erst im zweiten Schritt, das Einreiseverfahren durch den Studenten bei der deutschen Auslandsvertretung in China betreiben zu lassen. Für dieses Einvernehmen ist die Original-Immatrikulationsbescheinigung in Deutsch oder Englisch bei der ZAV einzureichen, um den Studentenstatus nachzuweisen. Bei anderen Sprachen reichen Sie bitte das Original und eine beglaubigte Übersetzung ein. Die Immatrikulationsbescheinigung muss Informationen zum Studienfach enthalten sowie eine aktuelle Bestätigung, dass der Studierende während der gesamten Dauer des Praktikums an einer Uni/FH eingeschrieben ist. Die Studenten können alternativ auch einen hierfür vorbereiteten Vordruck der ZAV bei ihrer Universität ausfüllen lassen.

Weiterhin muss Information über das Unternehmen eingereicht werden. Hier reicht es aus, wenn Sie Ihre Homepage angeben. Ansonsten bitten wir Sie, Informationsmaterial (Broschüren o. ä.) über Ihr Unternehmen bei der ZAV einzureichen. Außerdem verlangt die ZAV einen Erfassungsbogen, inkl. Praktikumsplan. Ein entsprechendes Formblatt erhalten Sie bei der ZAV. Der Erfassungsbogen muss komplett ausgefüllt werden. Bitte geben Sie beim Praktikumszeitraum das genaue Beginn- und Enddatum an (Tag, Monat, Jahr). Im Praktikumsplan beschreiben Sie die im Praktikum vermittelten Inhalte. Die unmittelbare Studienfachbezogenheit sollte daraus eindeutig hervorgehen. Das Praktikantengehalt richtet sich nach dem Regelsatz für Studierende gemäß Bundesausbildungsförderung sgesetz (BAFöG) und beträgt derzeit mindestens 585,00 € pro Monat. Sollte kein Praktikantenentgelt gezahlt werden können oder nicht der geforderte Mindestsatz, ist durch eine schriftliche Bürgschaft (Angehörige, Stipendium) oder Bestätigung der Bank/Sparkasse des Praktikanten nachzuweisen, dass der Lebensunterhalt während des Aufenthaltes in Deutschland gesichert ist. Die Ausländerbehörde Hamburg erwartet hier, meines Wissens, einen Betrag in eben genannter Höhe von mindestens 585,00 € pro Monat.

**Beispiel für einen Studenten / Praktikanten – mit einer Beschäftigungserlaubnis bis zu einem Jahr:**

Eine chinesische Studentin soll im Rahmen ihres Heimatstudiums an einem zehnmonatigen studienbezogenen Praktikum in Deutschland teilnehmen.

Rechtsgrundlage: §§ 17, 39, 42 des Aufenthaltsgesetzes iVm § 2 Nr. 3 der Beschäftigungsverordnung.
Notwendige Schritte:

1. Beantragung des Einvernehmens der Bundesagentur für Arbeit mit dem Praktikum bei der ZAV über den Erfassungsbogen mit Firmeninformationen und Praktikumsplan des Arbeitgebers plus der Original-Immatrikulationsbescheinigung
2. Nach Erhalt der Bestätigung des Einvernehmens: Beantragung eines Visums zum Firmenpraktikum bei der deutschen Auslandsvertretung in China
3. Erhalt des Visums (nach Zustimmung der Ausländerbehörde) zum Firmenpraktikum
4. Einreise
5. Arbeitsaufnahme
6. ggf. Umschreibung des Visums in Aufenthaltserlaubnis

Sofern sich zu dieser Fallgruppe weitere Fragen ergeben, richten Sie diese bitte an die:
Zentralstelle für Arbeitsvermittlung (ZAV)
Studentenvermittlung 212.12, 53107 Bonn
Tel.-Nr.: +49 (0)228 7 13-13 30 / Fax: +49 (0)228 7 13-270-10 37
E-Mail: Bonn-ZAV.info-auslaendische-studenten@arbeitsagentur.de

Was die Fallgruppe b) anbelangt, so befinden wir uns hier – anders als in Fallgruppe a) – im Bereich der so genannten zustimmungspflichtigen betrieblichen Weiterbildung. Hier gilt es daher zunächst das Visumsverfahren einzuleiten. Über die zu beteiligende Ausländerbehörde wird dann – in einem weiteren internen Zustimmungsverfahren - die Bundesagentur für Arbeit zur Zustimmungsprüfung eingebunden. Für diese positive Erklärung der Bundesagentur für Arbeit muss dabei folgender Sachverhalt erfüllt sein:

- Fachkraft, d. h. Person mit Studien- oder Berufsabschluss
- Weiterbildung, die auf Berufs- oder Studienabschluss aufbaut
- vergleichbare Arbeitsbedingungen hinsichtlich Arbeitsentgelt und Arbeitszeit, gemessen an den Bedingungen eines Deutschen in einer vergleichbaren Weiterbildung.

Im übrigen wird die Zustimmung für die Dauer erteilt, die nachweislich des von der Bundesagentur für Arbeit genehmigten Weiterbildungsplans zur Erreichung des Weiterbildungszieles erforderlich ist.

**Beispiel für einen Absolventen / Praktikanten - Beschäftigungserlaubnis:**

Ein chinesischer Staatsangehöriger mit ausländischem Hochschul- o. ä. Abschluss (BWL) soll an einem 1-jährigen Trainee-Programm teilnehmen

Rechtsgrundlage:
§§ 17, 39, 42 des Aufenthaltgesetzes iVm § 45 der Beschäftigungs-verordnung
Notwendige Schritte:
1. Beantragung eines Visums zum Firmenpraktikum bei der deutschen Auslandsvertretung in China
2. nach Anfrage der Ausländerbehörde bei der Bundesagentur für Arbeit Zustimmung an Ausländerbehörde möglich
3. Erhalt des Visums zum Firmenpraktikum
4. Einreise
5. Arbeitsaufnahme
6. ggf. Umschreibung des Visums in Aufenthaltserlaubnis

Sofern sich zu dieser Fallgruppe weitere Fragen ergeben, richten Sie diese bitte an die örtliche Agentur für Arbeit, in deren Bezirk der potentielle Weiterbildungsbetrieb mit eigener Betriebsnummer seinen Sitz hat. Die für den Betriebssitz / Beschäftigungsort zuständige Agentur für Arbeit finden Sie auch im Internet unter www.arbeitsagentur.de >>suchen>>Suchbegriff: Ortsverzeichnis für Einzelanfragen. Bei wechselnden Arbeitsstätten gilt der Sitz der Lohnabrechnungsstelle als Betriebssitz.

# Schlusswort

*Staatsrat Dr. Reiner Schmitz, Behörde für Bildung und Sport, Hamburg*

Sehr geehrte Damen und Herren,
verehrte Teilnehmerinnen und Teilnehmer des deutsch-chinesischen Bildungsforums,
liebe Gäste aus China,
vor allem liebe Freunde aus unserer Partnerstadt Shanghai,

es freut mich, dass die Veranstalter des heutigen Forums mich gebeten haben, das Schlusswort zu sprechen. Als Staatsrat der Behörde für Bildung und Sport bin ich dieser Bitte gern nachgekommen, hatte ich doch im letzten Jahr Gelegenheit, an dem großen Internationalen Bildungsforum in Shanghai teilzunehmen und ein Bildungsmemorandum mit Herrn Dr. Zhang, dem Leiter der Erziehungskommission, zu unterzeichnen. Es ist sehr befriedigend zu sehen, wie dieses Memorandum heute mit Inhalt gefüllt wurde.

Sie haben einen anstrengenden Tag hinter sich mit einer Vielzahl von Begrüßungen, Keynotes, Workshops und Inputreferaten sowie den intensiven Pausengesprächen. Ihnen muss der Kopf schwirren! Doch Ihr Forumstag ist noch nicht zu Ende, sondern hat noch einen weiteren Höhepunkt: unser Erster Bürgermeister, Herr Ole von Beust, wird Sie alle gleich noch im Rathaus empfangen und zu Ihnen sprechen. Deshalb möchte ich mich hier und an dieser Stelle auf einige zusammenfassende Bemerkungen beschränken:

1. Das erste Deutsch-Chinesische Bildungsforum in Hamburg ist ein eindrucksvoller Beleg für die Intensität des deutsch-chinesischen Bildungsdialoges und des großen Interesses an einer Vertiefung der Bildungskooperation im Bereich der Wissenschaft, der schulischen Allgemeinbildung und der Aus- und Weiterbildung auf chinesischer und deutscher Seite.
2. Das Forum hat in seinen Schwerpunktthemen ermutigende Perspektiven der deutsch-chinesischen Bildungszusammenarbeit

aufgezeigt, ohne die Probleme und die Herausforderungen zu verschleiern.

3. Das Forum hat verdeutlicht, dass es für eine langfristige Zusammenarbeit auch in einer global agierenden Welt wichtig ist, die Sprache des Partners zu erlernen. Ich möchte an dieser Stelle an die Adresse unserer chinesischen Partner gerichtet die ehemalige Präsidentin des Goethe-Institutes, Frau Prof. Dr. Limbach, zitieren:

    „Englisch ist ein Muss! Deutsch ist ein Plus!"

    (Rede in der Handelskammer Hamburg im Herbst 2003)

    Wir möchten dieses „Plus" in Hamburg jedenfalls auch auf Chinesisch übertragen und das Fach Chinesisch im Fächerkanon unserer Schulen absichern.

4. Das erste Deutsch-Chinesische Bildungsforum hat eine Vielzahl von Kontakten und Netzwerken ermöglicht, die in der Zukunft produktive Ergebnisse erzielen werden. Die großartige Resonanz auf die Einladung zu unserem Forum ermutigt mich bereits jetzt dazu, Sie alle zum zweiten Deutsch-Chinesischen Bildungsforum im Jahre 2007 nach Hamburg einzuladen.

5. Das heutige Forum hat die China-Kompetenz Hamburgs eindrucksvoll bestätigt. Hamburg ist auch im Bereich Bildung und Wissenschaft „Chinas Tor nach Europa"

Liebe Gäste, im nächsten Jahr wird es in Hamburg zwei große China-Ereignisse geben, die uns schon jetzt beschäftigen:

• Die Stadt feiert im Jahr 2006 das 20-jährige Jubiläum der Städtepartnerschaft mit Shanghai.

• Die Handelskammer Hamburg wird im Herbst 2006 zum 2. China-Summit einladen.

Ich möchte alle anwesenden Hamburger Organisationen und Institutionen schon jetzt aufrufen zu überlegen, wie sie die Themen Wissenschaft, Bildung und Berufliche Aus- und Weiterbildung in diese beiden Großereignisse einbringen können.

Abschließend möchte ich mich herzlich bei den Organisatoren des Forums bedanken. Mein Dank gilt dem ICGS, dem IFA, der Senatskanzlei, aber auch den beteiligten Mitarbeitern der BWG, der BBS und aller Einrichtungen, die sich aktiv ins Forum eingebracht haben. Ich danke auch der Universität für die große Gastfreundschaft. Ich danke Ihnen allen, vor allem den auswärtigen Gästen, für Ihr Kommen. Ich freue mich, dass ich einige von Ihnen, vor allem unsere chinesischen Partner aus Shanghai, morgen noch einmal beim „Senatsfrühstück" im Rathaus wiedersehen werde.

Ich wünsche Ihnen nun einen angenehmen Abend mit unserem Ersten Bürgermeister im Rathaus und bedanke mich für Ihre Aufmerksamkeit.

# 闭幕致辞

## 汉堡市政府教育与体育部副部长赖纳·施米茨博士

尊敬的女士们、先生们、
尊敬的德中教育论坛参加者、
各位中国来宾、
尤其是来自我们友好城市上海的各位朋友：

今天论坛的举办者请我致结束语，我感到很高兴。作为汉堡市政府教育与体育部副部长我很乐意应允这项请求。去年我有机会参加上海国际教育论坛并与上海市教育委员会主任张博士签署了教育合作备忘录。看到这项备忘录今天增添实际内容甚是令人满意。

各位今天度过了劳累的一天。众多的欢迎致辞，主题报告，专题报告，研讨会和在间歇时深入的谈话，大家真是该头昏脑胀了！今天的论坛尚未结束，接着还有新的高潮我们汉堡市市长欧勒·冯·伯思特先生将在市政厅接见各位并向各位讲话。所以在此我简短地发表一些概括性意见：

1. 在汉堡举行的第一届德中教育论坛是德中教育对话的深入及德中双方意图加深在科学领域、学校教育领域和培训与进修领域的合作的有力证明。

2. 本届论坛并不掩饰各合作领域所面临的问题与挑战，但同时展现了令人振奋的德中教育合作前景。

3. 本次论坛显明了，即使在当今全球性运作的世界，学习伙伴语言对长期性的合作仍是十分重要。在此我想向我们中方合作伙伴们引用歌德学院上任院长，林巴赫博士及教授的一句话：

   "英语是必须！德语是优势！"

   （2003年秋在汉堡商会的讲话）。

我们在汉堡也想将这个"优势"转用在汉语上，使汉语成为我们规范教学课目之一。

　　　　　　　　　　　　　　　　　　　　　　　　赖纳·施米茨博士

4.　今日建立的众多联系桥梁与关系网络在未来将取得实质性的成绩。本次论坛所得到的热烈反应促使我今天即邀请各位2007年来汉堡参加第二届德中教育论坛。

5.　今日论坛充分证实了汉堡与中国的特殊关系。汉堡在教育与科学领域也是"中国通往欧洲的门户"。

　　各位来宾，我们现在已在策划明年将在汉堡举行的两大中国盛事：

——2006年汉堡将庆祝与上海建立友好城市关系20周年。

——汉堡商会将在2006年秋举办第二届汉堡峰会。

　　我在此呼吁所有与会汉堡机构与组织构思如何将科学、教育及职业培训与进修领域融入这两大盛事。

　　最后我要向本届论坛各组织机构致以衷心的感谢。感谢汉堡大学国际研究生课程中心、亚洲研究所、汉堡市政府办公厅。也向汉堡市政府科学与卫生部、教育与体育部及其它机构的积极投入本届论坛的工作人员深表谢意。感谢汉堡大学的盛情。感谢在座各位，尤其是远道而来的来宾们，参加本届论坛。很高兴明天能在市政厅举行的"市政府早餐会"再次和几位，特别是我们几位来自上海的伙伴们见面。

　　祝各位与我们汉堡第一市长在市政厅共度一个愉快的晚上。谢谢各位！

# Anhang

## I. Autorenverzeichnis

**Herr Hubert Depenbusch** ist Oberschulrat in der Behörde für Bildung und Sport Hamburg. Er leitet das Referat Austausch und Internationale Kooperation und vertritt Hamburg im Bund-Länder-Ausschuss für schulische Arbeit im Ausland.
Korrespondenzadresse: hubert.depenbusch@bbs.hamburg.de

**Herr Christian Fischer** ist wissenschaftlicher Mitarbeiter am Institut für Recht der Wirtschaft (Arbeitsbereich Öffentliches Recht) der Universität Hamburg und dort zuständig für die internationalen Kontakte des Instituts u.a. nach China, Südkorea und Russland.
Korrespondenzadresse: christian.fischer@mba.uni-hamburg.de

**Herr Peter Hartges,** M.A., ist außerfachlicher Betreuer für das RWTH Aachen-Tsinghua Doppel Master Programm im International Office der RWTH Aachen.
Korrespondenzadresse: peter.hartges@zhv.rwth-aachen.de

**Herr Dr. Stefan Hase-Bergen** ist als Referent im Referat „China, Mongolei" beim DAAD für Projekte in der deutsch-chinesischen Hochschulzusammenarbeit zuständig.
Korrespondenzadresse: hase-bergen@daad.de

**Herr Dr. Marcus Hernig** ist Beauftragter für Pädagogische Verbindungsarbeit (zuständig für die Sprachabteilung) bei der Abteilung für Kultur und Bildung des Generalkonsulats der BRD in Shanghai.
Korrespondenzadresse: hernig@shanghai.goethe.org

**Frau Huang Yefang** ist stellvertretende Leiterin der Erziehungskommission der Stadt Shanghai.

**Herr Axel Kersten** ist Leiter Personalmarketing / Recruiting der SAP AG, Global Human Ressources in Walldorf.
Korrespondenzadresse: axel.kersten@sap.com

**Herr Prof. Dr. Klaus Keuchel** ist Professor für Fördertechnik, Material-
flusstechnik und Logistik an der Hochschule für Angewandte Wissenschaften Hamburg, Joint College Shanghai.
Korrespondenzadresse: keuchel@rzbt.haw-hamburg.de

**Frau Anke Kulessa** leitet den Bereich Deutsch als Fremdsprache für
ausländische Studienbewerber an der Rackow Schule GmbH, ist TestDaF-
Prüfungsbeauftragte und  für alle China Projekte des Unternehmens
verantwortlich.
Korrenspondenzadresse: kulessa@rackow-schule.de

**Frau Christiane Lex-Asuagbor** ist Referentin für Grundsatzfragen des
Ausländerrechts in der Behörde für Inneres der Freien und Hansestadt
Hamburg.
Korrespondenzadresse: Christiane.Lex-Asuagbor@bfi-a.hamburg.de

**Herr Dr. Dr. h.c. Jürgen Lüthje** ist Präsident der Universität Hamburg.
Korrespondenzadresse: prbuero@uni-hamburg.de

**Herr Ma Jinsheng** ist Generalkonsul der V.R. China in Hamburg.

**Herr Jürgen Männicke** ist Inhaber der EDUCON Internationale Berufliche
Weiterbildungsconsulting und –marketing, die sich auf die Entwicklung
von internationalen Transfer- und Marketingmodellen für berufliche Weit
erbildungsdienstleistungen nach deutschen Standards spezialisiert hat.
Korrespondenzadresse: info@educon-berlin.de

**Herr Prof. Dr. Mao Dali** ist stellvertretender Leiter des Personalamts der
Stadt Shanghai.

**Herr Dr. Roland Salchow** ist Staatsrat der Behörde für Wissenschaft und
Gesundheit (BWG) in Hamburg.
Korrespondenzadresse: roland.salchow@bwg.hamburg.de

**Herr Dr. Reiner Schmitz** ist Staatsrat der Behörde für Bildung und Sport
in Hamburg.
Korrepondenzadresse: reiner.schmitz@bbs.hamburg.de

**Herr Jörg Schröder-Roeckner** arbeitet bei der Behörde für Bildung und Sport in Hamburg.
Korrespondenzadresse: joerg.schroeder-roeckner@bbs.hamburg.de

**Herr Dr. Günter Schucher** ist stellvertretender Direktor des Instituts für Asienkunde (IFA) in Hamburg (ab 01.09.05 Direktor).
Korrspondenzadresse: schucher@ifa.duei.de

**Frau Dr. Nina Smidt** ist stellvertretende Geschäftsführerin und Leiterin des Programmbereichs am International Center for Graduate Studies (ICGS) der Universität Hamburg.
Korrespondenzadresse: smidt@icgs.de

**Frau Anja Soltau,** M.A. ist Projektmanagerin im Bereich Executive Training und China sowie Leiterin des Admissions- und Recruiting-Bereichs am International Center for Graduate Studies (ICGS) der Universität Hamburg.
Korrespondenzadresse: soltau@icgs.de

**Herr Prof. Dr. Dr. h.c. mult. Rolf Stober** ist geschäftsführender Direktor des Instituts für Recht der Wirtschaft (Arbeitsbereich Öffentliches Recht) der Universität Hamburg. Durch Kooperationen mit chinesischen Universitäten in Shanghai und Peking, durch chinesische Doktoranden und durch die Teilnahme am Deutsch-Chinesischen Rechtsstaatsdialog ist Prof. Stober stark im deutsch-chinesischen Wissenschaftsaustausch engagiert.
Korrespondenzadresse: rolf.stober@mba.uni-hamburg.de

**Herr Dr. Udo Thelen** ist geschäftsführender Direktor des International Center for Graduate Studies (ICGS) der Universität Hamburg.
Korrespondenzadresse: thelen@icgs.de

**Herr Prof. Dr. Reinhard Völler** ist Dekan des Fachbereichs Elektrotechnik und Informatik der Hochschule für Angewandte Wissenschaften Hamburg und Projektleiter des Gemeinsamen Studiengangs mit der USST Shanghai.
Korrespondenzadresse: voeller@informatik.haw-hamburg.de

**Herr Ole von Beust** ist Erster Bürgermeister der Freien und Hansestadt Hamburg.

**Frau Helga von der Nahmer** ist Oberstudienrätin am Walddörfer-Gymnasium und im Rahmen der Städtepartnerschaft Koordinatorin des Hamburg-Shanghaier Schüleraustausch-Projektes. Sie ist außerdem stellvertretende Vorsitzende des Förderkreises "Deutsch-Chinesischer Schüleraustausch" e.V.
Korrespondenzadresse: DHvdN@t-online.de

**Frau Christiane von Schachtmeyer** und **Herr Udo Toetzke** sind gleichberechtigte Schulleiter (im Team) am Gymnasium Marienthal. Sie koordinieren den Aufbau des ersten bilingualen deutsch-chinesischen Zweiges an einer staatlichen Schule.
Korrespondenzadressen: Udo.Toetzke@bbs.hamburg.de und Chrsitianevon.Schachtmeyer@bbs.hamburg.de

**Frau Renate Weitensteiner** ist Leiterin der Arbeitserlaubnisstelle der Zentralstelle für Arbeitsvermittlung (ZAV) in Bonn, einer Dienststelle im Netzwerk der Bundesagentur für Arbeit (BA) und dort Mitglied der Projektgruppe „Umsetzung des Zuwanderungsgesetzes in der BA".
Korrespondenzadresse: Renate.Weitensteiner@arbeitsagentur.de

**Herr Prof. Dr. Zhang Jianwei** ist Professor und Leiter des Institute of Technical Multimodal Systems der Universität Hamburg und Vorsitzender der „Vereinigung der Gesellschaften chinesischer Akademiker und Studenten in Deutschland e.V."
Korrespondenzadresse: zhang@informatik.uni-hamburg.de

**Herr Zhang Xiang** arbeitet bei der Hanhua Chinesisch-Schule e.V. in Hamburg.
Korrespondenzadresse: ginkgogmf@t-online.de

**Frau Zhang Xiaorong,** PhD, ist Koordinatorin für das Dual Degree Programm "Master/MBA International Business and Economics (MIBE) – China Focus" an der School of Management der Fudan University in Shanghai.
Korrespondenzadresse: xrzhang@fudan.edu.cn

**Herr Zhao Caixin** ist stellvertretender Geschäftsführer des Teaching Research Department der Erziehungskommission der Stadt Shanghai.

# 附录

## 作者简介

胡贝特·德彭布施先生 （**Hubert Depenbusch**）
　　汉堡市政府教育和体育部的高级督学、交流与国际合作部主任，在联邦与联邦州代表委员会代表汉堡市参与对外中等教育事务。
　　通讯地址：hubert.depenbusch@bbs.hamburg.de

克里斯蒂安·菲舍尔先生（**Christian Fischer**）
　　汉堡大学经济法研究所（公法专业）助教，负责该所国际联络事务，包括与中国、南朝 、俄罗斯的联络。
　　通讯地址：christian.fischer@mba.uni-hamburg.de

彼德·哈特格斯先生 （**Peter Hartges**）
　　文科硕士，是亚琛工业大学国际事务办公室负责该校与清华大学共同举办的硕士双学位项目非学术部分的辅导员。
　　通讯地址：peter.hartges@zhv.rwth-aachen.de

施特凡·哈泽贝尔根博士（**Dr. Stefan Hase-Bergen**）
　　德意志学术交流中心"中国、蒙古部"主任，负责德中高校合作项目。
　　通讯地址：hase-bergen@daad.de

　尔库斯·赫尔尼博士（**Dr. Marcus Hernig**）
　　德意志联邦共和国驻上海总领事馆文化教育处教育联络事务专员（负责语言部门）。
通讯地址：hernig@shanghai.goethe.org

黄也放女士
　　上海市人民政府教育委员会副主任。

阿克塞尔·克尔斯腾先生（**Axel Kersten**）
　　SAP集团位于瓦尔多夫的全球人力资源总部人事招聘部主任。
　　通讯地址：axel.kersten@sap.com

克劳斯·科伊歇尔教授、博士（**Prof. Dr. Klaus Keuchel**）
　　汉堡应用科学大学及汉堡-上海国际工程技术学院输送技术、材流技术和物流学科的教授。
　　通讯地址：keuchel@rzbt.haw-hamburg.de

安克·库莱萨女士（**Anke Kulessa**）
对外德语考试（DaF）委任主考，汉堡拉科（Rackow）学校德语是外语的高校入学申请者德语培训部的主管，负责该校所有与中国有关的项目，
通讯地址：kulessa@rackow-schule.de

克里斯蒂安内·莱克斯-阿舒阿格博尔女士（**Christiane Lex-Asuagbor**）
汉堡市政府内政部外国人法原则问题部门的负责人。
通讯地址：Christiane.Lex-Asuagbor@bfi-a.hamburg.de

于尔根·吕特耶博士及荣誉博士（**Dr. Dr. h.c. Jürgen Lüthje**）
汉堡大学校长。
通讯地址：prbuero@uni-hamburg.de

晋生先生
中华人民共和国驻汉堡领事馆总领事。

于尔根·门尼克先生（**Jürgen Männicke**）
EDUCON——国际职业进修咨询与营销公司的总裁。该公司业务的特色是开发符合德国标准的职业进修项目的转让与营销模式。
通讯地址：info@educon-berlin.de

毛大立教授、博士
上海市人事局副局长。

罗兰德·扎尔肖博士（**Dr. Roland Salchow**）
汉堡市政府科学与卫生部（BWG）副部长。
通讯地址：roland.salchow@bwg.hamburg.de

赖纳·施米茨博士（**Dr. Reiner Schmitz**）
汉堡市政府教育与体育部副部长。
通讯地址：reiner.schmitz@bbs.hamburg.de

耶尔格·施罗德-勒克纳先生（**Jörg Schröder-Roeckner**）
汉堡市政府教育与体育部成员。
通讯地址：joerg.schroeder-roeckner@bbs.hamburg.de

舒君得博士（**Dr. Günter Schucher**）
德国汉堡亚洲研究所（IFA）副所长（2005年9月1日起任所长）。
通讯地址：schucher@ifa.duei.de

尼娜·斯密特博士（**Dr. Nina Smidt**）
汉堡大学国际研究生课程中心（ICGS）副主任，项目计划部负责人。
通讯地址：smidt@icgs.de

安雅·佐尔陶女士（**Anja Soltau**）
文科硕士，汉堡大学国际研究生课程中心（ICGS）行政人士培训部与中国部项目经理及招生部负责人。
通讯地址：soltau@icgs.de

罗尔夫·施托贝尔教授、博士及名誉博士（**Prof. Dr. Dr. h.c. mult. Rolf Stober**）
汉堡大学经济法研究所（公法专业）所长，从事德中科学交流，如参加德中法治国家对话、与上海和北京数所高校的合作及指导数名来自中国的博士生。
通讯地址：rolf.stober@mba.uni-hamburg.de

乌多·特伦博士（**Dr. Udo Thelen**）
汉堡大学国际研究生课程中心（ICGS）主任（首席行政主管）。
通讯地址：thelen@icgs.de

赖因哈德·弗勒教授、博士（**Prof. Dr. Reinhard Völler**）
汉堡应用科学大学电工与信息系系主任及该校与上海理工大学合办学科的项目主任。
通讯地址：voeller@informatik.haw-hamburg.de

欧勒·冯·伯思特先生（**Ole von Beust**）
自由汉萨城汉堡市第一市长。

冯黛娜女士（**Helga von der Nahmer**）
瓦尔德费尔高级中学（Walddörfer-Gymnasium）的高级教师，汉堡市和上海市友好城市项目之一学生互访交流项目的协调人。此外，她是德中学生互访交流促进协会的副主席。
通讯地址：DHvdN@t-online.de

克里斯蒂安内·冯·沙赫特迈尔女士（**Christiane von Schachtmeyer**）
乌多·特茨克先生（**Udo Toetzke**）
　　玛林塔尔高级中学（Gymnasium Marienthal）权力同等的校长（校长小组），从事设立德国公立中学第一个德汉双语教学部的协调工作。
　　通讯地址：Udo.Toetzke@bbs.hamburg.de
　　Christianevon.Schachtmeyer@bbs-hamburg.de

雷娜特·腾施泰纳女士（**Renate Weitensteiner**）
　　德国联邦劳工局（BA）机关网络成员之一的波恩职业介绍中心（ZAV）工作许可签发处处长，是该中心"联邦劳工局移民法实施方针"项目小组的成员。
　　通讯地址：Renate.Weitensteiner@arbeitsagentur.de

张建伟教授、博士（**Prof. Dr. Zhang, Jianwei**）
　　汉堡大学教授，汉堡大学"多模式系统研究所"所长，"中国留德学者学生团体联合会"主席。
　　通讯地址：zhang@informatik.uni-hamburg.de

张向先生
　　汉堡汉华中文学校成员。
　　通讯地址：ginkgogmf@t-online.de

张晓蓉博士（**Zhang, Xiaorong, PhD**）
　　国际经贸（中国主题）硕士/MBA 双学位项目（MIBE）的中方上海复旦大学管理学院项目协调人。
　　通讯地址：xrzhang@fudan.edu.cn

赵财鑫先生
　　上海市教育委员会教学研究室副主任。

# II. Verzeichnis der Aussteller

## AFS Interkulturelle Begegnungen e.V.

AFS Interkulturelle Begegnungen e.V. ist eine der weltweit größten gemeinnützigen Austauschorganisationen auf ehrenamtlicher Basis und betreibt seit über 50 Jahren ein qualitativ hochwertiges interkulturelles Bildungsprogramm. AFS ist mittlerweile in fast 60 Ländern der Welt vertreten und gehört zu den ersten Jugendaustauschorganisationen, die Austauschprogramme zwischen Deutschland und China durchführen.

## Gymnasium Marienthal

Das Gymnasium Marienthal besteht seit über 30 Jahren und hat mehr als. 650 Schüler und 50 Lehrer. Besondere Schwerpunkte unserer Schule sind:

* Naturwissenschaftlicher Schwerpunkt schon ab Jg. 5
* Wettbewerbsförderung bes. im naturwissenschaftl. Bereich
* Das Lernen mit Neuen Medien
* Schüleraustausch mit der Minli-Schule in Shanghai
* Ganztagsschulbetrieb ab Schuljahr 2005/06 mit Mittagessen
* Chinesisch ab Klasse 5 durch eine Fachlehrkraft aus der VR China

## Hamburg School of Logistics

The HSL Hamburg School of Logistics, a subsidiary of the Hamburg University of Technology (TUHH), offers a challenging one-year full-time MBA course with a specialization in Logistics Management. The program is divided into four terms and the language of instruction is English. The educational approach integrates theoretical framework and case as well as field studies based on many years of in-depth experience in teaching and doing research in the field of logistics.

## Hamburger China-Gesellschaft

Die Hamburger China-Gesellschaft (HCG) sieht ihre Hauptaufgabe darin, zu einer größeren Beschäftigung mit der chinesischen Kultur in allen ihren Erscheinungsformen beizutragen. Dazu organisieren wir monatliche Vorträge, meist zu Themen des neueren China, und bieten u.a. Sprach-, Koch-, und Taijikurse an.

## Helmut-Schmidt-Universität, EU-Asia Link Project

The EU-Asia Link project "Development of an Academic Curriculum-Standardization in Companies and Markets" was established in January 2004 at the Helmut-Schmidt-University, University of Armed Forces Hamburg. It targets students of various Master programmes at four Asian universities: China JiLiang University in China, Institute of Technology Bandung in Indonesia, University of Moratuwa in Sri Lanka and National Economics University in Vietnam. The purpose of the project is to train and qualify the Asian academic staff and students on European Standardization at Engineering and Business Administration Faculties by implementing the following structures: teaching materials, a text book and the e-learning curriculum compiled with an open source e-learning management system. Choosing e-learning as a new teaching and learning instrument was the extraordinary interest of our partners and will guarantee a sustainable effect after project completion in 2006.

## International Center for Graduate Studies (ICGS) der
## Universität Hamburg

Das International Center for Graduate Studies (ICGS) entwickelt und betreibt internationale Studien-, Weiterbildungs- und Betreuungs-angebote der Universität Hamburg für graduierte Studierende, Nachwuchswissenschaftler, Fach- und Führungskräfte aus mehr als 20 Ländern der Welt. ICGS bringt auf Grund seiner Programm-Aktivitäten im deutsch-chinesischen Kontext umfangreiche Expertise in die Organisation und Durchführung des Deutsch-Chinesischen Bildungsforums ein.

## Institut für Asienkunde (IFA) in Hamburg

Das Institut für Asienkunde (IFA) wurde 1956 auf Initiative des Deutschen Bundestages und des Auswärtigen Amtes in Hamburg gegründet. Es ist damit das älteste der im Verbund Deutsches Übersee-Institut zusammengeschlossenen Regionalinstitute. Aufgabe des Instituts ist die wissenschaftliche Erforschung und Beobachtung der politischen, wirtschaftlichen und sozialen Entwicklungen in den Ländern Asiens. Schwerpunkte der Arbeit bilden die Länder und Regionen China, Südostasien, Japan und Korea. Das Institut veröffentlicht seine Forschungsergebnisse u.a. in der Zeitschrift *China Aktuell.*

## Institut für Berufsfortbildung der Versicherungswirtschaft Hamburg e.V.

Wir bieten Aus- und Weiterbildungsmaßnahmen sowie Beratung für den Innen- und Außendienst von Versicherungsunternehmen und Maklern an. Erreichbar sind folgende branchenweit anerkannte Abschlüsse: Versicherungsfachmann (BWV), Versicherungskaufmann (IHK), Versicherungsfachwirt (IHK), Versicherungsbetriebswirt (DVA). Wir kooperieren dazu mit Hamburger Universitäten und der Deutschen Versicherungsakademie.

## Senatskanzlei der Freien und Hansestadt Hamburg

Die Senatskanzlei ist die Schaltstelle der Regierungspolitik in Hamburg. Sie betreut und koordiniert die Arbeit des Hamburger Senats und unterstützt den Ersten Bürgermeister bei der Ausübung seiner Pflichten und Aufgaben. Im Rahmen der Hamburger China-Initiative hat die Senatskanzlei das IFA und das ICGS mit der Durchführung des ersten Deutsch-Chinesischen Bildungsforums beauftragt.

## TANDEM Hamburg

Bei TANDEM Hamburg, einem anerkannten Institut der Erwachsenenbildung seit 1985, lernen die Teilnehmer/innen in einer kleinen Gruppe, mit modernen Lehrwerken und -methoden. Neben Deutsch als Fremdsprache werden Englisch, Spanisch, Französisch und Italienisch in Abendkursen und als Firmenunterricht angeboten. TANDEM Hamburg ist anerkanntes Prüfungszentrum für die europäischen Sprachenzertifikate (TELC) und für TestDaF. Zusätzlich werden TANDEM-Sprachlernpartners chaften vermittelt, nach dem Motto 'Ich helfe dir und du hilfst mir' in einer Vielzahl von Sprachen.

## Universität Hamburg
### Arbeitsstelle für wissenschaftliche Weiterbildung

Die Arbeitsstelle für wissenschaftliche Weiterbildung (AWW) ist die zentrale Einrichtung der Universität Hamburg für die Weiterbildung und das Fernstudium. Sie richtet sich mit ihren praxisorientierten wissenschaftlich fundierten Weiterbildungsangeboten in erster Linie an Berufstätige. Das Blended Learning Programm „OLIM – Management für Führungskräfte" und die E-Learning – Qualifizierung „Train the E-Trainer" entsprechen dem aktuellen Trend in der Weiterbildung.

## Weiterbildung Hamburg e.V.

Weiterbildung Hamburg e.V. ist Hamburgs öffentlich geförderter Informations- und Beratungsdienstleister in allen Fragen der beruflichen und allgemeinen Weiterbildung bei beruflicher Neu- und Umorientierung, Arbeitslosigkeit, Wiedereinstieg sowie Finanzierung von Weiterbildung. Mit dem Prüfsiegel "Geprüfte Weiterbildungseinrichtung" garantieren die rund 200 Mitgliedsunternehmen von Weiterbildung Hamburg e.V. die Einhaltung von Qualitätsstandards und Verbraucherschutz.

*Außerdem:*

**Christianeum**
**FZH Fortbildungszentrum Hafen Hamburg e.V.**
**Hanua Chinesisch-Schule e.V.**
**Ida Ehre Gesamtschule**
**Inlingua Sprachcenter**
**Verband Druck und Medien Nord e.V.**
**Walddörfer-Gymnasium**

*Adressen siehe Adressverzeichnis*

# III. Teilnehmerverzeichnis

| Name | Institut | Email | Telefon |
|---|---|---|---|
| Herr Prof. Dr. Bodo Abel | Universität Hamburg, Fakultät Wirtschafts- und Sozialwissenschaften, Department Wirtschaft und Politik | AbelB@hwp-hamburg.de | +49 (0) 40 42838 2176 |
| Herr Reiner Adam | Behörde für Bildung und Sport, Abteilung für berufliche Bildung und Weiterbildung, B 43 | reiner.adam@bbs.hambur.de | +49 (0)40 42863-33 31 |
| Herr A. Albert | Akademie JAKFashion & Design | info@jak.de | |
| Frau Ingrid Albert-Kunz | Akademie JAKFashion & Design | akademie@jak.de | |
| Herr Egbert Angrick | BBS 1 Northeim | eangrick@bbs1-northeim.de | +49 (0)5551 98440 |
| Herr Capt. Wolfhard H. Arlt | HPTI Hamburg Port Training Institute GmbH | wolfhard.arlt@hpti.de | +49 (0)40 788 781 00 |
| Frau Dr. Jo Beatrix Aschenbrenner | Bucerius Education GmbH an der Bucerius Law School, Amtsgericht Hamburg HRB 91658 | jo.aschenbrenner@law-school.de | +49 (0)40 3 07 06 - 107 |
| Herr Jens Aßmann | Handelskammer Hamburg, Geschäftsbereich International, China Projektmanagement | jens.assmann@hk24.de | +49 (0)40 36138-287 |
| Herr Malte Barth | Skillnet | malte.barth@skillnet.com | +49 (0)40 28015450 |
| Frau Uta Bendixen | Verband Druck und Medien Nord e.V. | bendixen@vdnord.de | +49 (0)40 39 92 83 0 |

| Name | Organisation | E-Mail | Telefon |
|---|---|---|---|
| Herr Klaus-Michael Beneke | Bildungs- und Kulturaustausch Hamburg-China, Stiftungsinitiative für chinesische Nachwuchskünstler Hamburg | kbeneke@tele2.de | +49 (0)40 7900 4315 |
| Frau Christine Berg | Deutsche Gesellschaft für Asienkunde e.V. | post@asienkunde.de | +49 (0)40 44 58 91 |
| Frau Regina Beuck | Weiterbildung Hamburg e.V. | beuck@weiterbildung-hamburg.de | +49 (0)40 28 08 46 40 |
| Herr Jan Bornemann | Institut für Arbeit - ICOLAIR e.V. | institut@ICOLAIR.de | +49 (0)40 7611 8580 |
| Frau Aresa Brand | HWF Hamburgische Gesellschaft für Wirtschaftsförderung mbH | aresa.brand@hwf-hamburg.de | |
| Herr Prof. Dr. Reiner Brehler | | brehler.goon@t-online.de | +49 (0)40 7107457 |
| Frau Barbara Bretschneider | AFS Interkulturelle Begegnungen e.V. | Barbara.Bretschneider@afs.org | +49 (0)40 399 222 0 |
| Frau Dr. Marion Bruhn-Suhr | Universität Hamburg, Arbeitsstelle für Wissenschaftliche Weiterbildung | M.Bruhn-Suhr@aww.uni-hamburg.de | |
| Frau Sabine Burkard | China Projektberatung | contact@china85.de | +49 (0)40 22 690 685 |
| Herr Holger Busch | Euro-Business-College Hamburg | ebc-hamburg@eso.de | |
| Frau Prof. Sabine Busching | HFBK Hochschule für Bildende Künste | sabine.busching@gebaeudetechnik-hfbk-hamburg.de | +49 (0)40 428989-423 |
| Herr Lars-O. Büsching | | lars_buesching@hotmail.de | +49 (0)170-7947784 |

| | | | |
|---|---|---|---|
| Frau Christa Carl | Ida Ehre Gesamtschule | idaehregesamtschule@gmx.de | +49 (0)40 428 978 120 |
| Herr Chen Xiaoyong | Komponist, Lehrbeauftragter der Universität Hamburg und Lehrer für Chinesisch am Walddörfer Gymnasium | Chencomposer@aol.com | |
| Frau Cheng I-Ching | Ida Ehre Gesamtschule | iegs-oberstufe@t-online.de | +49 (0)40 428 978 201 |
| Frau Petra Doberschütz | English for Kids (Frühsprachliche Erziehung) | p.doberschuetz@english-for-kids.net | +49 (0)40 550 53 04 |
| Herr Dr. Ole Döring | Institut für Asienkunde | ifa@ifa.duei.de | |
| Frau Ingrid Engelbrecht-Klemm | AEP Akademie für Elektronisches Publizieren, Art & Design | info@aep.de | |
| Herr Shan Fan | Design Factory International College of Communication Art and New media | info@design-factory.de | +49 (0)40 317 15 88 |
| Herr Heinz Fänders | Staatliche Handelsschule Berliner Tor - HBT / Hamburg School of Shipping & Transportation - HAST | Heinz.Fänders@bbs.hamburg.de | +49 (0)40 428 59 34 31 |
| Herr Christian Fischer | Universität Hamburg, Institut für Recht der Wirtschaft | Christian.fischer@mba.uni-hamburg.de | +49 (0)40 42838-6459 |
| Herr Ulrich Freymüller | Sekretariat der Kultusministerkonferenz | presse@kmk.org | +49 (0)228 501678 |
| Frau Claudia Friedrich | Gymnasium im Schulzentrum Glinde | friedrich_claudia@hotmail. com | +49 (0)40 7105066 |

| | | | |
|---|---|---|---|
| Herr Dr. Rolf Geffken | Institut für Arbeit - ICOLAIR e.V. | institut@ICOLAIR.de | +49 (0)40 7611 8580 |
| Herr Stefan George | Inlingua Sprachcenter | george@inlingua-hamburg.de | +49 (0)40 325 887-0 |
| Herr Hans-Bernd Giesler | Chinesisch-Deutsche Gesellschaft e.V. | info@chdg.de | +49 (0)40 36 97 96 60 |
| Herr Gerhard Gleichmann | Inlingua Sprachcenter | gleichmann@inlingua-hamburg.de | +49 (0)40 325887-11 |
| Herr Dr. H.-D. Goedeke | Chinesisches Zentrum, Hannover e.V. | chinesisches_zentrum@t-online.de | +49 (0)511 62 62 77 90 |
| Frau Julia Gottwald | Hochschule für bildende Künste - HFBK Hamburg | | +49 (0)40 428989403 o. +49 (0)40 87932282 |
| Frau Hildegard Groehn | Min Li - Schule Shanghai | hgroehn@gmx.de | +49 (0)40 677 74 85 |
| Herr Prof. Dr. Andreas Guder | Johannes Gutenberg Universität Mainz, Fachbereich Angewandte Sprach- und Kulturwissenschaft | guder@mail.fask.uni-mainz.de | |
| Herr Oliver Haas | Deutsche Gesellschaft für Technische Zusammenarbeit (GTZ) | oliver.haas@gtz.de | +49 (0)6196 79-2487 |
| Herr Holger Haase | | Holger.Haase@hamburg.de | +49 (0)40 777 889 |
| Frau Dr. Rose Haferkamp | International Soft Skills Training | haferkamp.rose@web.de | |
| Frau Marion Hansen | BTZ-Stiftung | info@BTZ-Stiftung.de | +49 (0)3946 4107-0 |
| Herr Prof. Dr. Karl-Werner Hansmann | Universität Hamburg | karl-werner.hansmann @uni-hamburg.de | +49 (0)40 42838-2505 |

| Name | Institution | E-Mail | Telefon |
|---|---|---|---|
| Frau Martina Heinrich | HSL Hamburg School of Logistics | heinrich@hslog.de | +49 (0)40 428 78 42 91 |
| Frau Barbara Heling | SBB Kompetenz gGmbH | barbara.heling@sbb-hamburg.de | |
| Herr Amadeus Hempel | Interkulturelle Bildung Hamburg e.V. | info@ibhev.de | +49 (0)40 219 61 72 |
| Herr Stefan Herms | Senatskanzlei der Freien und Hansestadt Hamburg | stefan.herms@sk.hamburg.de | |
| Frau Karin Hoffmann | Freie Schule Hamburg | | +49 (0)40 319 769 83 |
| Frau Dr. Heike Holbig | Institut für Asienkunde | holbig@ifa.duei.de | |
| Frau Prof. Dr. Dr. h.c. Juliane House | Universität Hamburg, IAAS, Abt. Sprachlehrforschung | jhouse@uni-hamburg.de | |
| Herr Prof. Dr.-Ing. Stefan Kabelac | Universität der Bundeswehr Hamburg, Institut für Thermodynamik | Kabelac@hsuhh.de | |
| Herr Dr. Dieter Kasang | Behörde für Bildung und Sport | kasang@dkrz.de | |
| Frau Birte Klemm | Universität Hamburg, Asien-Afrika-Institut | birteklemm@web.de | |
| Herr Thomas Knoche | SBB Kompetenz gGmbH | thomas.knoche@sbb-hamburg.de | +49 (0)40 21112 -200 |

| Name | Institution | E-Mail | Telefon |
| --- | --- | --- | --- |
| Herr Rolf Kohorst | Bundesverwaltungsamt - Zentralstelle für das Auslandsschulwesen - Regionalbereich VI R 2 | Rolf.Kohorst@bva.bund.de | +49 (0)1888 57 3420 |
| Frau Dr. Karin Korn-Riedlinger | Bundesministerium für Bildung und Forschung | karin.korn-riedlinger@bmbf.bund.de | |
| Herr Dirk Kresse | IWA-Internationale WirtschaftsAkademie Berlin GmbH | gikberlin@snafu.de | +49 (0)30 29669499 o. +49 (0)172 4963504 |
| Herr Thomas Krüger | Weiterbildung Hamburg e.V. | krueger@weiterbildung-hamburg.de | |
| Herr Karl-Heinz Kuke | Rackow-Schule gGmbH | info@rackow-schule.de | +49 (0)40 333055-57 |
| Frau Maren Lau | Forschungsstelle Nachhaltige Umweltentwicklung, Universität Hamburg / Z MAW | lau@dkrz.de | +49 (0)40 428 59 34 31 |
| Herr Shengchao Li | Salzmannschule Staatl. Spezialgymnasium für Sprachen | sli@salzmannschule.de | +49 (0)3622 9130 |
| Herr Prof. Dr. Dirk Linowski | Steinbeis-Hochschule Berlin | shb@stw.de | +49 (0)30 29 3309-251 |
| Herr Prof. Dr. Joachim Litz | Fachhochschule Lübeck | litz@fh-luebeck.de | +49 (0)451 3005383 |
| Frau Hong Li-Ziemer | Hanhua Chinesisch-Schule | info@hanhua.de | +49 (0)4102 677 636 |
| Herr Dieter H. Lorenz | Institut für Berufsfortbildung der Versicherungswirtschaft Hamburg | dieter.lorenz@bwv-online.de | +49 (0)40 440322 |

| Name | Organisation | E-Mail | Telefon |
|---|---|---|---|
| Herr Ulf Ludzuweit | Städtepartnerschaftsprojekt Chinator | ludzuweit@aol.com | +49 (0)4104 969077 |
| Herr Hansjörg Lüttke | KWB Koordinierungsstelle Weiterbildung und Beschäftigung e.V. | luettke@kwb.de | +49 (0)40 63 78 55-00 |
| Herr Stefan Matz | HWF Hamburger Gesellschaft für Wirtschaftsförderung mbH | stefan.matz@hwf-hamburg.de | +49 (0)40 22 70 19 14 |
| Herr Dr. Weiping Mei | Beiersdorf AG. | weiping.mei@beiersdorf.com | +49 (0)40 49094896 |
| Herr Gunter Menge | Northern Institute of Technology | info@nithh.de | +49 (0)40 428 78 3789 |
| Herr Andreas Meyn | GFA Management | info@gfa-holding.de | |
| Herr Gerd Neumann | Behörde für Bildung und Sport, Amt für Bildung B 32-5 | gerd.neumann@bbs.hamburg.de | +49 (0)40 42863-22 49 |
| Frau Christine Nowak | Hochschule für Angewandte Wissenschaften Hamburg - Hamburg University of Applied Sciences. Joint College Shanghai | office@joint-college.haw-hamburg.de | |
| Herr Harm Oltmann | IWA-Internationale Wirtschaftsakademie Berlin GmbH | gikberlin@snafu.de | |
| Frau Ingeborg Ott | Datong Mittelschule Shanghai | ott@escbi.com | |
| Frau Iris Paluch | SBB Kompetenz gGmbH | iris.paluch@sbb-hamburg.de | |
| Herr Dipl. Ing. Frank Pawlik | Bildungszentren des Baugewerbes e.V. | info@bzb.de | |
| Frau Karen Pfeiffer | Colon Language Center | info@colon.de | +49 (0)40 345850 |

| | | | |
|---|---|---|---|
| Herr Werner Pluta | Freier Wissenschaftsjournalist | kontakt@wpluta.de | |
| Herr Uwe Ploch | HFH - Hamburger Fern-Hochschule | uwe.ploch@hamburger-fh.de | |
| Herr Carsten Polzin | Freie Schule Hamburg | | |
| Herr Henning Prüß | TANDEM Hamburg, horizont dialogo e.V., Internationale Sprachschule | h.pruess@tandem-hamburg.de | +49 (0)40 38 19 59 |
| Herr Markus Rempe | Fachhochschule des Mittelstandes | rempe@fhm-mittelstand.de | |
| Frau Lydia Richter | Wirtschaftsförderung und Stadtmarketing, Stadt Celle | Lydia.Richter@Celle.de | +49 (0)5141 12589 |
| Frau Meike Rissiek | Institute of Management IMB, Berlin School of Economics | mbaeurasia@fhw-berlin.de | +49 (0)30 85789-405 |
| Frau Beate Rogler | HRK-Studie Deutsch-Chinesische Studienprogramme | beaterogler@ngi.de | |
| Frau Dr. Antje Rojas | Interkulturelle Bildung Hamburg e.V. | info@ibhev.de | +49 (0)40 219 61 72 |
| Frau Angela Sack-Hauchwitz | Behörde für Bildung und Sport, Amt für Bildung, Hamburg | Angela.Sack-Hauchwitz@bbs.hamburg.de | +49 (0)40 428 63 3319 |
| Frau Prof. Dr. Monika Schädler | Institut für Asienkunde | schaedler@ifa.duei.de | +49 (0)40 42 8874-0 |
| Herr Omar Scharifi | Cognos Internationale GmbH / Cognos-Gruppe | oscharifi@cognos-ag.de | +49 (0)40 419 09-412 |
| Herr Klaus Schmitt | CAISSA AG / China Education & Training Center (CETC) | schmitt@caissa-incoming.de | +49 (0)40 8222519-16 |

| Herr Prof. Dr. Heinz-Eberhard Schmitz | International College of Music Hamburg | info@icom-hamburg.de | +49 (0)40 357 14 75-3 |
|---|---|---|---|
| Herr Dr. Jochen Schnack | Ida Ehre Gesamtschule | iegs-oberstufe@t-online.de | +49 (0)40 428 978 200 |
| Frau S. Schnitter | Akademie JAK | info@jak.de | +49 (0)40 645 29 41 |
| Herr Gerhard Schomburg | CHINEURO Customer Development Group | schomburg@chineuro.de | |
| Frau Dr. Dorothea Schreiber | Behörde für Bildung und Sport | dorothea.schreiber@bbs.hamburg.de | +49 (0)40 42863 2036 |
| Herr Dr. Jürgen Schumann | KMK in Shanghai, Deutsche Schule Shanghai | juergen.schumann@ds-shanghai.org.cn | |
| Frau Irmy Schweiger | Herzog-August-Bibliothek WB; Hochschulpolitisches Strategiegespräch | schweiger@hab.de | +49 (0)5331 808-0 |
| Frau Petra Seling-Biehusen | Behörde für Wissenschaft und Gesundheit, Hamburg, Hochschulamt, Referat A 2 | petra.seling-biehusen@bwg.hamburg.de | +49 (0)40 428-63-4093 |
| Frau Prof. Wenjuan Shi-Beneke | Bildungs- und Kulturaustausch Hamburg-China, Stiftungsinitiative für chinesische Nachwuchskünstler Hamburg | | |
| Frau Wenke Siedersleben | Helmut-Schmidt-Universität, EU-ASIA-Link Projekt | siedersleben@hsu-hh.de | |

| | | | |
|---|---|---|---|
| Frau Marion Sommer-Schmidt | Institut ABATON GmbH | marionsommer@abaton-institut.com | +49 (0)6135 93300 |
| Herr Hagen Späth | HSL Hamburg School of Logistics | hsl-office@hslog.de | |
| Frau Dr. Brunhild Staiger | Institut für Asienkunde | staiger@ifa.duei.de | +49 (0)40 4288740 |
| Herr Johann Stooß | Euro-Business-College Hamburg | ebc-hamburg@eso.de | +49 (0)40 3233700 |
| Herr Reiner Tamchina | Hamburger Volkshochschule | R.Tamchina@vhs-hamburg.de | +49 (0)40 42841-2783 |
| Frau Ina Telkamp | Deutsche Gesellschaft für Asienkunde e.V. | post@asienkunde.de | +49-(0)40 445891 |
| Frau Alexandra Tödt | Universität zu Köln | alexandra.toedt@uni-koeln.de | |
| Frau Sigrid Tünnermann | Fachberaterin / Koordinatorin | kachiuma001@yahoo.de | +86 (0)10 84868039 |
| Herr Dr. Dietrich von Queis | Helmut-Schmidt-Universität, Academic Staff Development | dvq@hsu-hh.de | +49 (0)40 519300 |
| Frau Helga Wagner | HPTI Hamburg Port Training Institute GmbH | helga.wagner@hpti.de | +49 (0)40 788 78 112 |
| Herr Michael-René Weber | Marketing Akademie Hamburg | weber@marketingakademie.de | +49 (0)40 536991-10 |
| Frau Dr. Petra Westhaus-Ekau | Zentrum für Marine Tropenökologie (ZMT) | petra.westhaus-ekau@zmt-bremen.de | |

| Name | Institution | E-Mail | Telefon |
|---|---|---|---|
| Frau Zhou Yuan | Forschungsstelle Nachhaltige Umweltentwicklung, Universität Hamburg | yuan.zhou@dkrz.de; zy885@yahoo.com | +49 (0)40 42838-4121 |
| Frau Susanne Bannuscher-Hansen | NIT Northern Institute of Technology | info@nithh.de | |
| Herr Robert Bläsing | Freie und Hansestadt Hamburg, Vertretung beim Bund | poststelle@lv.hamburg.de | |
| Frau Ruth Cordes | | RuthCordes@web.de | |
| Frau Dr. Susanne Dreas | Koordinierungsstelle Weiter-bildung und Beschäftigung e.V. | dreas@kwb.de | |
| Herr Prof. Dr. Bernd Eberstein | Universität Hamburg, Asien-Afrika-Institut | bernd.eberstein@web.de | |
| Frau Doris Elbe | AEP Akademie für Elektronisches Publizieren, Art & Design | d.elbe@aep.de | |
| Frau Feibing Zhang | Hamburg Liaison Office Shanghai, c/o Delegation of German Industry & Commerce Shanghai | zhang.feibing@sh.china.ahk.de | |
| Herr Prof. Dr. Holger Fischer | Vizepräsident der Universität Hamburg | hfischer@uni-hamburg.de | |
| Herr Joachim Giese | FZH Fortbildungszentrum Hafen Hamburg e.V. | 1nfo@fzh.de | |
| Zhou Haifen | Forschungsstelle Nachhaltige Umweltentwicklung, Universität Hamburg / Z MAW | haifenzhou@aol.com | |

| Herr Prof. Dr. Wilfried Hesser | Helmut-Schmidt-Universität, EU-ASIA-Link Projekt | wilfried.hesser@hsu-hh.de |
|---|---|---|
| Frau Claudia Heuer | Helmut-Schmidt-Universität, EU-ASIA-Link Projekt | heuer@hsu-hh.de |
| Frau Beatrix Hoesterey | Interkulturelle Bildung Hamburg e.V. | info@ibhev.de |
| Frau Zhang Jiehong | Gymnasium Marienthal | gymnasiummarienthal@bbs.hamburg.de |
| Herr Maik Julitz | Kunststofftechnik Julitz GmbH | julitzgmbh@aol.com |
| Zhang Kaiyu | Institut für Asienkunde | kaiyuzhang@hotmail.com |
| Herr Thomas Kiefer | Journalist | kiefer@localglobal.de |
| Herr Karl-Heinz Klemann | Agentur für Arbeit Hamburg | hamburg@arbeitsagentur.de |
| Frau Lena Knake | Hamburger China-Gesellschaft e.V. | l.knake@hcg-ev.de |
| Herr Prof. Dr. Friedrich Knilli | Technische Universität Berlin, Medienwissenschaft | friedrichknilli@hotmail.com |
| Herr Prof. Dr. Jürgen Krüger | HAW Hamburg, Fachbereich Maschinenbau u. Produktion | krueger@rzbt.haw-hamburg.de |
| Herr Peter Lamp | BBS-Schulinformationszentrum Bewertung ausl. Zeugnisse | peter.lamp@bbs.hamburg.de |
| Herr Benedikt Landgrebe | Bucerius Law School, Hochschule für Rechtswissenschaft gGmbH | info@law-school.de |

| | | |
|---|---|---|
| Herr Werner Lange | Staatliche Handelsschule Berliner Tor / HST - Hamburg School of Shipping & Transportation | wlange@hbt.hh.schule.de |
| Herr Prof. Dr. Eberhard Liebau | HWP-Hamburger Universität für Wirtschaft und Politik | LiebauE@hwp-hamburg.de |
| Frau Zhang Lilian | Verband Druck und Medien Nord e.V. | info@vdnord.de |
| Herr Massoud Lodin | Helmut-Schmidt-Universität, EU-ASIA-Link Projekt | |
| Herr Detlef Maaßen | ComFair GmbH | info@comfair-gmbh.de |
| Frau Britta Manske | China-Referentin, Save-Our-Future Umwelt Stiftung | info@save-our-future.de |
| Herr Dr. Arnd Mehrtens | ComFair GmbH | info@comfair-gmbh.de |
| Frau Meike Neumann | Youth for Understanding | info@yfu.de |
| Frau Corinna Nienstedt | Handelskammer Hamburg - Geschäftsführerin, Leiterin des Geschäftsbereichs International | Corinna.Nienstedt@hk24.de |
| Herr Fritz Ostermann | Verband Druck und Medien Nord e.V. | ostermann@vdnord.de |
| Herr Mick Petersmann | AFS Interkulturelle Begegnungen e.V. | oli@afs.de |

| | | |
|---|---|---|
| Herr Christian Peymann | Staatliche Handelsschule Berliner Tor, HST - Hamburg School of Shipping and Transportation | cpeymann@hbt.hh.schule.de |
| Frau Katrin Picklaps | AEEXchange GmbH | aee-bonn@t-online.de |
| Herr Günter Podszuweit | Deutsche Angestellten Akademie | Guenter.Podszuweit@daa-bw.de |
| Herr Stefan Prigge | Christianeum | christianeum@chr.hh.schule.de |
| Frau Qiuhui Shi | Ecole Verein zur Förderung französisch-deutscher Schulbildung in Magdeburg e.V. | info@ecole-ev.de |
| Herr Oliver Reimer | Helmut-Schmidt-Universität, EU-ASIA-Link Projekt | reimer@hsu-hh.de |
| Frau Antje Richter | Christian-Albrechts-Universität Kiel, Seminar für Orientalistik | richter@sino.uni-kiel.de |
| Herr Werner Robbers | Rechtsanwalt und Notar | WRobbers@aol.com |
| Herr Wolfgang Rosenkötter | WBS Training AG | wolfgang.rosenkoetter@wbstraining.de |
| Herr Henning Scharringhausen | FZH Fortbildungszentrum Hafen Hamburg e.V. | info@fzh.de |
| Herr Dirk Schneider | Deutschlandfunk - Campus & Karriere | dirk.schneider@viermedien. de |
| Frau Dr. R. Anne Schönhagen | Universität Bremen | schoenha@uni-bremen.de |

| | | |
|---|---|---|
| Frau Agnes Schöttler | Hamburger China-Gesellschaft e.V. | info@hcg-ev.de |
| Frau Madeleine Schulz-Hoffmann | TU Harburg | Madeleine.Schulz-Hoffmann@tu-harburg.hamburg.de |
| Herr Ralph-Peter Schur | bb gesellschaft für beruf + bildung mbH | |
| Herr Manuel Schwarzer | Helmut-Schmidt-Universität, EU ASIA - -Link Projekt | |
| Herr Markus Sölch | Universität Eichstätt-Ingolstadt | msoelch@gmx.de |
| Herr Wolfgang Stanik | Hamburger Bildungsserver | stanik@gmx.de |
| Frau Anita Stapel | Goethe Institut Hamburg | Hamburg@goethe.de |
| Herr Uwe Steinberg | Schule am Walde | schuleamwalde@t-online.de |
| Herr Dr. Matthias Steinmann | DCJV - Deutsch-Chinesische Juristenvereinigung | steinmann@dcjv.org |
| Frau Dr. Antje Thiersch | Sächsisches Staatsministerium für Kultus | info@smk.sachsen.de |
| Herr Peter Timmann | HWP-Hamburger Universität für Wirtschaft und Politik, Akademisches Auslandsamt | TimmannP@hwp-hamburg.de |
| Frau Meike von Koschitzky | KWB Koordinierungsstelle Weiterbildung und Beschäftigung e.V. | koschitzky@kwb.de |
| Herr Marcus Wiebcke | | marcus.wiebcke@gmx.de |
| Herr David G. Q. Wu | Repräsentant der Shanghai Minli Mittelschule | |

## IV. Programm

9:00 Uhr     Begrüßung

Dr. Dr. h.c. Jürgen Lüthje, Präsident der Universität Hamburg

Staatsrat Dr. Roland Salchow, Behörde für Wissenschaft und Gesundheit Hamburg

Huang Yefang, stellv. Leiterin der Erziehungskommission der Stadt Shanghai

Prof. Dr. Mao Dali, stellv. Leiter des Personalamts der Stadt Shanghai

9:30 Uhr     **Block I: Bildung und Weiterbildung im deutsch-chinesischen Kontext**

Moderation: Dr. Udo Thelen, Executive Director ICGS

Keynote 1: Perspektiven für den Bildungsmarkt China und Herausforderungen für deutsche Bildungsträger
Dr. Günter Schucher, stellv. Direktor des Instituts für Asienkunde (IFA), Hamburg

Keynote 2: Bildungs- und Weiterbildungsbedarf für den chinesischen Markt aus der Sicht eines internationalen Unternehmens
Axel Kersten, Leiter Personalmarketing/Recruiting SAP AG

10:45 Uhr     Kaffeepause / Informationsbörse, Ausstellung

11:30 Uhr     **Block II: Deutsch-chinesische Bildungskooperation**

Moderation: Dr. Udo Thelen, Executive Director ICGS

Keynote 1: Attraktivität des Bildungsstandorts Deutschland aus chinesischer Sicht
Prof. Zhang Jianwei, Vorsitzender der „Vereinigung Chinesischer Akademischer und Studentischer Gesellschaften in Deutschland (CASD) e.V.", Hamburg

Keynote 2: Interkulturelle und sprachliche
Rahmenbedingungen deutsch-chinesischer
Kooperation
Dr. Marcus Hernig, Abteilung Kultur und Bildung,
Generalkonsulat der Bundesrepublik Deutschland,
Shanghai

| | |
|---|---|
| 12:30 Uhr | Mittagspause / Informationsbörse, Ausstellung |
| 12:45 Uhr | **Pressekonferenz** |
| 14:00 Uhr | Block III: Expertenworkshops |
| Workshop I | **Hochschulausbildung und Studiengänge:** Herausforderungen und Perspektiven |
| Workshop II | **Schulen:** Partnersprachen Deutsch und Chinesisch – Chancen für Beruf und Karriere |
| Workshop III | **Aus- und Weiterbildung:** Kooperationsprojekte und Bedarfe |
| 16:00 Uhr | Kaffeepause / Informationsbörse, Ausstellung |
| 16:30 Uhr | Ergebnisse der Workshops und Diskussion |
| 18:00 Uhr | Schlusswort: **Staatsrat Dr. Reiner Schmitz, Behörde für Bildung und Sport Hamburg** und Ma Jinsheng, Generalkonsul der V.R. China in Hamburg |
| 19:00 Uhr | Empfang für alle Teilnehmer mit Grußwort des Ersten Bürgermeisters im Kaisersaal des Rathauses |

# Workshops am Nachmittag (14:00 – 16:00)

| Workshop I | Workshop II | Workshop III |
|---|---|---|
| *Hochschulausbildung und Studiengänge: Herausforderungen und Perspektiven* | *Schulen: Partnersprachen Deutsch und Chinesisch – Chancen für Beruf und Karriere* | *Aus- und Weiterbildung: Kooperationsprojekte und Bedarfe* |
| **Konzept und Organisation:** ICGS im Auftrag der Behörde für Wissenschaft und Gesundheit (BWG) **Moderation:** Staatsrat Dr. Roland Salchow, BWG | **Konzept und Organisation:** Hubert Depenbusch, Behörde für Bildung und Sport (BBS) **Moderation:** Hubert Depenbusch, BBS | **Konzept und Organisation:** Jörg Schröder-Roeckner, Behörde für Bildung und Sport (BBS) **Moderation:** Jürgen Männicke, EDUCON Berlin |
| **Inputreferate** <br>• **Erfahrungen und Herausforderungen der internationalen Zusammenarbeit im Hochschulbereich aus Sicht der Erziehungskommission Shanghai** <br>(*Huang Yefang, stellv. Leiterin der Erziehungskommission der Stadt Shanghai*) | **Inputreferate** <br>• Chinesisch als Fremdsprache der Zukunft (*Dr. Chen Renxia, Botschaft der V.R. China in Berlin*) <br>• Deutsch als zweite Fremdsprache an Shanghaier Schulen – Pläne, Erfahrungen, Herausforderungen (*Zhao Caixin, Erziehungskommission der Stadt Shanghai*) | **Inputreferate, Projektberichte und Diskussion** <br>• Der Weiterbildungssektor in Shanghai – Pläne für die internationale Zusammenarbeit, Projekte, Erfahrungen (*Prof. Dr. Mao Dali, stellv. Leiter des Personalamts der Stadt Shanghai*) |

- Hochschulkooperationen mit China: Etablierte Formen und Perspektiven (Dr. Stefan Hase-Bergen, DAAD Bonn)

**Projektberichte und Diskussion**

- HAW Hamburg - „Joint College" (Prof. Dr. Klaus Keuchel)
- Universität Hamburg / Fudan Universität Shanghai - Master / MBA of International Business and Economics (MIBE) - China Focus (Dr. Nina Smidt, ICGS; Zhang Xiaorong, „PhD, Fudan University Shanghai)
- Studie: Kooperation deutscher und chinesischer Hochschulen (Prof. Dr. Dr. h.c. mult. Rolf Stober, Universität Hamburg)
- RWTH Aachen / Tsinghua Peking: Doppelabschlüsse für Chinesen und Deutsche. Das deutsch-chinesische Hochschulprojekt „Gemeinsam studieren – gemeinsam forschen"

**Projektberichte und Diskussion**

- Schüleraustausch Hamburg - Shanghai (Helga von der Nahmer, Förderverein Deutsch-Chinesischer Schüleraustausch e.V.)
- Deutsch-chinesischer Zweig Gymnasium Marienthal (Christiane von Schachtmeyer, Udo Toetzke, Schulleitung Gymnasium Marienthal)
- Lehrerentsendeprogramm zwischen Hamburg und Shanghai (Hubert Depenbusch, BBS)
- Chinesische Schulen in Hamburg (Xiang Zhang, Hanhua-Schule Hamburg)

- Der Zugang zum chinesischen Bildungsmarkt / Gründungs- und Kooperationsmöglichkeiten, Rahmenbedingungen (Jürgen Männicke, EDUCON Berlin)
- Eröffnung des chinesischen Bildungsmarktes / Praxisbeispiel (Klaus-Peter Dierks, Stiftung Grone-Schule Hamburg)
- Chinesische Teilnehmer am Bildungsstandort Hamburg / Praxisbeispiel (Anke Kulessa, Rackow-Schule Hamburg)
- Rechtliche Rahmenbedingungen für chinesische Teilnehmer in Hamburg (Renate Weitensteiner, Zentralstelle für Arbeitsvermittlung Bonn; Christiane Lex-Asuagbor, Behörde für Inneres Hamburg; Uwe Thele, Arbeitsagentur Hamburg)

*(Dr. Stefan Hase-Bergen, DAAD Bonn).*

- Erfahrungen im Austausch von Wissenschaftlern und Studierenden zwischen der RWTH Aachen und der Tsinghua -Universität *(Peter Hartges, RWTH Aachen)*

**Tagungsort:**

**Universität Hamburg, Flügelbau Ost (Asien-Afrika-Institut), Raum 221 (Plenum und Workshop III), Raum 120 (Workshop I) und Raum 123 (Workshop II)**

**Edmund-Siemers-Allee 1, ggü. Bahnhof Dammtor**

德中教育论坛议程

上午09:00 开幕致辞
汉堡大学校长 于尔根·吕特耶博士及荣誉博士
(Dr. Dr. h.c. Jürgen Lüthje)
汉堡市政府科学和卫生部副部长 罗兰德·扎尔肖博士
(Dr. Roland Salchow)
上海市人民政府教育委员会 黄也放副主任
上海市人事局副局长 毛大立教授、博士

上午09:30 第一部分：德中两国的教育和进修培训状况
主持人：汉堡大学国际研究生课程中心(ICGS)主任
乌多·特伦博士(Dr. Udo Thelen)
主题报告1：
中国教育市场的前景及其对德国教育项目承办机构的挑战
亚洲研究所(IFA)副所长 舒君得博士
(Dr. Günter Schucher)
主题报告2：
从国际化企业角度看中国市场对教育和进修培训的需求
SAP集团人事招聘部主任 阿克塞尔·克尔斯腾先生
(Axel Kersten)

上午10:45 茶歇/信息交流，展览

上午11:30 第二部分：德中教育合作
主持人：汉堡大学国际研究生课程中心(ICGS)主任
乌多·特伦博士(Dr. Udo Thelen)
主题报告1：
从中国人的视角看德国的教育优势
中国留德学者学生团体联合会(CASD)主席、
汉堡大学教授 张建伟博士
主题报告2：
德中教育合作的跨文化及语言框架要求
德意志联邦共和国驻上海总领事馆文化教育处
尔库斯·赫尔尼博士(Dr. Marcus Hernig)

| | |
|---|---|
| 中午12:30 | 午餐/信息交流，展览 |
| 中午12:45 | 记者招待会 |
| 下午02:00 | 第三部分：专家研讨会 |
| 研讨会 1 | 高等教育与专业：挑战与前景 |
| 研讨会 2 | 中、小学：德语和汉语作为外语在对方国家的职业机遇 |
| 研讨会 3 | 培训和进修：合作项目与需求 |

| | |
|---|---|
| 下午04:00 | 茶歇/信息交流，展览 |

| | |
|---|---|
| 下午04:30 | 研讨会总结 |
| 下午06:00 | 闭幕致辞 |
| | 汉堡市政府教育与体育部副部长　赖纳·施米茨博士 |
| | （Dr. Reiner Schmitz） |
| | 中华人民共和国驻汉堡领事馆　　晋生总领事 |

| | |
|---|---|
| 晚上07:00 | 在汉堡市政厅帝王大厅举行招待会，汉堡第一市长致辞 |

专家研讨会
（下午二至四点）

专家研讨会 1

主题：　等教育与专业：
挑战与前景

策划与组织：
汉堡市政府科学和卫生部委托
汉堡大学国际研究生课程中心主办

主持人：
汉堡市政府科学和卫生部副部长
罗兰德·扎尔肖博士

专题报告：

■ 上海　等教育领域在国际合作中
所面临的挑战及表达得的经
（上海市人民政府教育委员会
也放副主任）

■ 与中国在　等教育领域的合作
——形式及前景
（德国波恩德意志学术交流中心
施特凡·哈泽贝尔根先生）

专家研讨会 2

主题：中、小学：
德语和汉语作为外语
在对方国家的职业机遇

策划与组织：
汉堡市政府教育和体育部
胡贝特·德彭布施先生

主持人：
汉堡市政府教育和体育部
胡贝特·德彭布施先生

专题报告：

■ 中文作为外语前景无限
（中华人民共和国　德意志联邦
共和国大使馆陈仁霞博士）

专家研讨会 3

主题：培训和进修：
合作项目与需求

策划与组织：
汉堡市政府教育和体育部
耶罗克·施罗德-勒兹纳克纳先生

主持人：
柏林EDUCON公司
于尔根·门尼克先生

专题报告和讨论：

■ 上海市的培训和进修教育领域
——国际合作的计划、项目及
经

项目报告与专题讨论：
- 汉堡-上海国际工程技术学院
  (克劳斯·科伊敏尔教授、博士)
- 汉堡大学-上海复旦大学：国际经贸（中国主题）硕士
- — MBA双学位项目（MIBE）
  (汉堡大学国际研究生课程中心尼娜·斯密特博士，复旦大学张院蓉博士)
- 德中高校的合作（论文）
  (汉堡大学教授，罗尔夫·施托贝尔博士及名誉博士)
- 亚琛工业大学-北京清华大学：中德双学位。德中高校合作项目——"共同学习，共同研究"
  (德国波恩意志志学术交流中心施特凡·哈泽贝伊尔根先生)
- 亚琛工业大学和北京清华大学交换学者和北京清华大学交换学者和北京清华大学的经验
  (亚琛工业大学彼得·哈特格斯先生)

---

- 德语作为上海中学的第二外语设置——计划、经验与挑战
  (上海市人民政府教育委员会赵财鑫先生)

项目报告与专题讨论：
- 上海和汉堡之间的学生互访交流
  (德中学生交流交流促进协会冯黛娜女士)
- 玛林塔尔高级中学德汉双语教学部
  (玛林塔尔高级中学校长：克里斯蒂安内·冯·多·特茨克女士、乌多·特茨克先生)
- 汉堡市和上海市的教师互派项目
  (汉堡市政府教育和体育部胡贝特·德彭布施先生)
- 汉堡的中文学校
  (汉堡汉华中文学校张向先生)

---

- 进入中国教育市场：创立与合作途径、框架条件
  (柏林EDUCON公司于尔根·门尼克先生)
- 中国教育市场的开放：实例介绍
  (汉堡格罗内学校基金会克劳斯-彼德·迪克斯先生)
- 汉堡教育领域的中国参加者：库莱萨
  实例介绍
  (汉堡拉科学校安克·库莱萨女士)
- 汉堡对来自中国的项目参加者的法律框架条件
  (德国波恩职业介绍中心雷娜特·腾施泰纳女士；汉堡市政府内政部克里斯安内来克斯-阿舒阿格博尔女士；汉堡市劳工局乌韦·特勒先生)

会址：

汉堡大学东翼（亚非学院），Edmund-Siemers-Allee 1, Dammtor 火车站对面

221室（全体论坛与专家研讨会3），120室（专家研讨会1），123室（专家研讨会2）

# V. Verzeichnis Deutsch-Chinesischer Bildungseinrichtungen

## Hochschulen und Studiengänge

| |
|---|
| Abteilung Internationales der Universität Hamburg<br>Rothenbaumchaussee 36<br>20148 Hamburg<br>www.uni-hamburg.de |
| Bauhaus-Universität Weimar<br>Institut für Europäische Urbanistik (IfEU)<br>*Masterkurs Integrated International Urban Studies mit der Tongji-Universität Shanghai*<br><br>Geschwister-Scholl-Straße 8<br>99423 Weimar<br>www.uni-weimar.de |
| Brödermann & Jahn, Anwaltskanzlei<br>*LLM-Program - Asian-European Business Transactions (Universität Hamburg)*<br><br>Neuer Wall 71<br>20354 Hamburg<br>www.german-law.com |
| Bucerius Law School, Hochschule für Rechtswissenschaft gGmbH<br>*Summer School in China*<br><br>Jungiusstr. 6<br>20355 Hamburg<br>www.law-school.de |
| CEIBS China Europe International Business School<br>699 Hong Feng Road. Pu Dong<br>201206 Shanghai<br>V.R. China<br>www.ceibs.edu |

China Institut Bremen e.V.
c/o Hochschule Bremen Raum C 05
Werderstraße 73
28199 Bremen
www.fbw.hs-bremen.de

Chinesisch-Deutsches Hochschulkolleg (CDHK) in Shanghai /
Tongji-Universität
1239 Siping Lu
200092 Shanghai
V.R. China
http://cdhk.tongji.edu.cn

Christian-Albrechts-Universität Kiel
*Seminar für Orientalistik*

Leibnizstr. 10
24118 Kiel
www.uni-kiel.de

DAAD Bonn
*China Referat*

Kennedyallee 50
53175 Bonn
www.daad.de

Design Factory - International College of Communication Art and
New Media
Kastanienallee 9
20359 Hamburg
www.design-factory.de

Deutsch-Chinesisches Institut für Rechtswissenschaften der
Universitäten Göttingen und Nanjing
Hangkou Lu 22
210093 Nanjing
V.R. China
www.jura.uni-goettingen.de/kontakte

Euro-Business-College Hamburg
*Kooperationspartner Shanghai Universität*
Huhnerposten 12
20097 Hamburg
www.hamburg.euro-business-college.de

Europa Kolleg Hamburg
Windmühlenstr. 27
22607 Hamburg
www.europa-kolleg-hamburg.de

Fachhochschule des Mittelstandes
*Partnerhochschule Suzhou Universität*

Ravensburger Str. 10G
33602 Bielefeld
www.fhm-bielefeld.de

Fachhochschule für Wirtschaft Berlin
*MBA Department*
*MBA European-Asian Programme*

Badensche Straße 50/51
10825 Berlin
www.fhw-berlin.de

Fachhochschule Lübeck
*Hochschulkooperationen mit China*

Stephensonstr. 3
23562 Lübeck
www.fh-luebeck.de

Fachhochschule Rosenheim
*Chinese Business Program*

Hochschulstraße 1
83024 Rosenheim
www.fh-rosenheim.de

Forschungsstelle Nachhaltige Umweltentwicklung, Universität
Hamburg / ZMAW
Bundesstr. 55
20146 Hamburg
www.uni-hamburg.de

German Technical Cooperation (GTZ GmbH) Institute of Vocational
Instructors - Tongji University
1239 Siping Rd, 11th floor, 1108. Chinese German Building
200092 Shanghai
V.R. China

Hanseatische Rechtsanwaltskammer Hamburg
*LLM-Program - Asian-European Business Transactions (Universität
Hamburg)*

Bleichenbrücke 9
20354 Hamburg
www.rechtsanwaltskammerhamburg.de

Helmut-Schmidt-Universität
*EU-ASIA-Link Projekt*

Holstenhofweg 85
22043 Hamburg
www.hsu-hh.de

Herzog-August-Bibliothek WB; Hochschulpolitisches
Strategiegespräch
Lessingplatz 1
38304 Wolfenbüttel
www.hab.de

HFH - Hamburger Fern-Hochschule
Alter Teichweg 19
22081 Hamburg
www.fern-fh.de

Hochschule Bremen
*Angewandte Wirtschaftssprachen und internationale*
*Unternehmensführung - Wirtschaftssinologie*

Werderstraße 73
28199 Bremen
www.hs-bremen.de

---

Hochschule für Angewandte Wissenschaften Hamburg
*Joint College Shanghai*

Berliner Tor 7
20029 Hamburg
www.haw-hamburg.de

---

Hochschule für Bildende Künste (HfBK)
*Hochschulkooperation: Tsinghua Universität, Peking*

Averhoffstr. 38
22085 Hamburg
www.hfbk-hamburg.de

---

Hochschule Magdeburg-Stendal
*Partnerschaft: Hebei University of Technologie, Tianjin*

Breitscheid Str. 2
39114 Magdeburg
www.hs-magdeburg.de

---

HRK-Studie Deutsch-Chinesische Studienprogramme
*Frau Beate Rogler*

Rollwiesenweg 54
35039 Marburg
Email: beaterogler@ngi.de

---

HSL Hamburg School of Logistics
Kasernenstr. 12
21073 Hamburg
www.hslog.de

Humboldt-Universität zu Berlin
*Philosophische Fakultät II, Institut für Asien- und Afrikawissenschaften,*
*Seminar für Sinologie*

Unter den Linden 6
10099 Berlin
www.hu-berlin.de

Institut für Friedensforschung und Sicherheitspolitik an der
Universität Hamburg (IFSH)
Falkenstein 1
22587 Hamburg
www.ifsh.de

Institut für Recht und Ökonomik
*Law & Economics*

Binderstraße 34
20146 Hamburg
http://www2.jura.uni-hamburg.de/le/index.htm

International Center for Graduate Studies gGmbH der Universität
Hamburg
*Master- und Executiveprogramme mit Chinaschwerpunkt*

Rothenbaumchaussee 36
20148 Hamburg
www.icgs.de

International College of Music Hamburg
Stephansplatz 5
20354 Hamburg
www.icom-hamburg.de

IWA-Internationale WirtschaftsAkademie Berlin GmbH
Karl-Liebknecht-Str. 34
10178 Berlin
www.iwa-berlin.de

Johannes Gutenberg-Universität Mainz
*Fachbereich Angewandte Sprach- und Kulturwissenschaften,*
*Arbeitsbereich Chinesische Sprache und Kultur / Sinologie*

An der Hochschule 2
76711 Germersheim
www.fask.uni-mainz.de

Staatliche Handelsschule Berliner Tor
*HST - Hamburg School of Shipping and Transportation*

Bei der Hauptfeuerwache 1
20099 Hamburg
www.hbt-online.info

Steinbeis-Hochschule Berlin, Union Investment Stiftungslehrstuhl
für Asset Management
*China-Projekt*

Gürtelstr. 29A / 30
10247 Berlin
www.steinbeis-mba.de

Technische Universität Berlin
*Fakultät Geisteswissenschaften*
*Institut für Sprache und Kommunikation*

Straße des 17. Juni 135
10623 Berlin
www.medienberatung.tu-berlin.de

Technische Universität Hamburg-Harburg
Schwarzenbergstr. 95
21073 Hamburg
www.tuhh.de

Tsinghua University / University of St. Gallen
*Transferzentrum für Technologiemanagement*
*Vertiefungsprojekt "China Intensiv"*

Mailbox B-55 (North-216)
100084 Beijing
P.R. China
www.unisg.ch

---

Universität Bremen
Bibliothekstr. 1
28359 Bremen
www.uni-bremen.de

---

Universität der Bundeswehr Hamburg
Institut für Thermodynamik
22039 Hamburg
http://www2.hsu-hh.de/watt/ftd.html

---

Universität Duisburg-Essen
Fakultät 3: Wirtschaftswissenschaften
*Lehrstuhl Ostasienwirtschaft, Schwerpunkt China*

Lotharstraße 65
47057 Duisburg
www.oawi-china.uni-duisburg-essen.de

---

Universität Hamburg
Fakultät Wirtschafts- und Sozialwissenschaften
Department Wirtschaft und Politik
*Programm "MiBA - Master of International Business Administration"*

Von-Melle-Park 9
20146 Hamburg
www.hwp-hamburg.de oder www.uni-hamburg.de

Universität Hamburg
Fakultät für Geistes- und Kulturwissenschaften
Asien-Afrika-Institut
Edmund-Siemers-Allee 1, Flügel Ost
Hauptgebäude
20146 Hamburg
www.aai.uni-hamburg.de

Universität Hamburg
Arbeitsstelle für wissenschaftliche Weiterbildung (AWW)
Vogt-Kölln-Str. 30
Haus E
22527 Hamburg
www.aww.uni-hamburg.de

Universität zu Köln
Philosophische Fakultät
*Ostasiatisches Seminar*

Gottfried-Keller-Str. 6
50931 Köln
www.uni-koeln.de/phil-fak/ostas

*Für weitere Hochschulkooperationen siehe auch: Rolf Stober (2001) „Kooperation deutscher und chinesischer Hochschulen – Bestand und Bedarf" (Mitteilungen des Instituts für Asienkunde Hamburg)*

## Schulen / Schulische Einrichtungen

AFS Interkulturelle Begegnungen e.V.
*Schüleraustausch mit China*

Postfach 50 0142
22701 Hamburg
www.afs.de

Bundesverwaltungsamt - Zentralstelle für das Auslandsschulwesen
- Regionalbereich VI R 2
50728 Köln
www.bva.bund.de

Chinesische Schule des Chinesischen-Verein e.V.
Oderfelder Str. 30
20149 Hamburg
Tel.: 040-488887

Christianeum
Otto-Ernst-Str. 46
22605 Hamburg
www.christianeum.de

CSH Chinesische Schule Hamburg gGmbH
Kuhmühle 10
22087 Hamburg
www.csh-hh.de

Datong Mittelschule Shanghai
353 Nan Che Zhan Lu
200011 Shanghai
V.R. China

Deutsches Youth for Understanding Komitee e.V.
*Internationaler Jugendaustausch*

Postfach 762167
22069 Hamburg
www.yfu.de

Ecole Verein zur Förderung französisch-deutscher Schulbildung in
Magdeburg e.V.
Milchweg 45
39128 Magdeburg
www.ecole-ev.de

EUROVACANCES Youth Exchange GmbH
*Schüleraustausch und High-School-Programme in Shanghai*

Rothenbaumchaussee 5
20148 Hamburg
www.eurovacances.de

Freie Schule Hamburg
Postfach 93 81 42
21098 Hamburg
www.freie-schule-hamburg.de

Gymnasium Glinde
*Asienforum*

Oher Weg 24
21509 Glinde
www.gymnasium-glinde.de

Gymnasium Marienthal
*Schüleraustausch mit China*

Holstenhofweg 86
22043 Hamburg
www.gymnasium-marienthal.de

Hanhua Chinesisch-Schule e.V.
Maimoortwiete 6
22179 Hamburg
www.hanhua.de

Ida Ehre Gesamtschule
*Chinesischunterricht und Austausch mit Shanghai*

Bogenstr. 4
20144 Hamburg
www.hh.schule.de/ida-ehre-gesamtschule/

KMK in Shanghai, Deutsche Schule Shanghai
437 Jin Hui Lu
201130 Shanghai
P.R. China
www.ds-shanghai.org.cn

Min Li - Schule Shanghai
*Frau Hildegard Groehn*

Parchimer Str. 20
22143 Hamburg
Email: hgroehn@gmx.de

Salzmannschule - Staatliches Spezialgymnasium für Sprachen
Klostermühlenweg 2-8
99880 Schnepfenthal
www.salzmannschule.de

Schule am Walde
Kupferredder 12
22397 Hamburg
www.schuleamwalde.de

Walddörfer Gymnasium
Im Allhorn 45
22359 Hamburg
www.wdg-hamburg.de

Xi Wang Schule, Gesellschaft für chinesische Kultur Hamburg e.V.
Unnastr. 48
20245 Hamburg
Tel.: +49 (0)40 4908811

Zentralstelle für das Auslandsschulwesen in Peking
*Frau Sigrid Tünnermann*

Weißer Weg 29
32657 Lemgo
www.auslandsschulwesen.de
Email: kachiuma001@yahoo.de

## Einrichtungen der Aus- und Weiterbildung

AEEXchange GmbH
PF 7085
53070 Bonn
Email: aee_bonn@t-online.de

AEP Akademie für Elektronisches Publizieren, Art & Design
Behringstr. 16a/b
22301 Hamburg
www.aep.de

Agentur für Arbeit Hamburg
Kurt-Schuhmacher-Allee 16
20097 Hamburg
www.arbeitsagentur.de

Akademie JAK
Friedrich-Ebert-Damm 311
22159 Hamburg
www.jak.de

APC Asia Pacific Consult KG
Potsdamer Platz 11
10785 Berlin
www.asia-pacific-consult.de

ASB Anerkannte Schulen für berufliche Bildung GmbH
Lessingstraße 2
09456 Annaberg-Buchholz
www.asb-edu.de

bb gesellschaft für beruf + bildung mbH
Beelitzer Tor 14
14943 Luckenwalde
www.bb-gesellschaft.de/ homepage.html

BBS 1 Northeim
Südheimer Str. 36-38
37154 Northeim
www.bbs1-northeim.de

Bildungs- und Kulturaustausch Hamburg-China, Stiftungsinitiative
für chinesische Nachwuchskünstler Hamburg
*Frau Prof. Wenjuan Shi-Beneke, Herr Klaus-Michael Beneke*

Edelheide 13
21149 Hamburg
Email: kbeneke@tele2.de

Bildungs- und Technologiezentrum zu Thale und Aschersleben -
Stiftung
Am Bodenufer 2
6502 Thale
www.btz-stiftung.de

Bildungswerk der Sächsischen Wirtschaft e.V.
Rudolf-Walther-Straße 4
01156 Dresden
www.bsw-ev.de

Bildungszentren des Baugewerbes e.V.
Bökendonk 15-17
47809 Krefeld
www.bzb.de

Bonner Gesellschaft für China Studien e.V.
Regina-Pacis-Weg 7
53113 Bonn
www.china-studien.de

Bundesverband mittelständische Wirtschaft, Unternehmerverband
Deutschlands e.V. (BVMW)
*China-Forum*

Auguststr. 14
22085 Hamburg
www.bvmw-nord.de

CAISSA AG
China Education & Training Center Hamburg (CETC)
Eiffestraße 16
20537 Hamburg
www.caissa.de

Cognos Internationale GmbH/ Cognos-Gruppe
Wendenstr. 35c
20097 Hamburg
www.cognos-ag.de

Colon Language Center
*Chinesischunterricht*

Collonaden 96
20354 Hamburg
www.colon.de

ComFair GmbH
Am Kurpark 24/26
27777 Ganderkesee
www.comfair-gmbh.de

Deutsche Angestellten Akademie
Hammer Landstr. 12 – 14
20537 Hamburg
www.daa-bw.de

Deutsche Gesellschaft für Technische Zusammenarbeit (GTZ)
Postfach 5180
65726 Hamburg
www.gtz.de

ECE Projektmanagement GmbH & Co. KG
Heegbarg 30
22391Hamburg
www.ece.de

Fachverband Chinesisch e.V.
Postfach 1421
76714 Germersheim
www.fach-online.com

FZH Fortbildungszentrum Hafen Hamburg e.V.
Köhlbranddeich 30
20457 Hamburg
www.fzh.de

Generalsekretär der Deutsch-Chinesischen Juristenvereinigung e.V.
*Herr Michael-Florian Ranft*

c/o Taylor Wessing
Isartorplatz 8
80331 München
www.dcjv.org

Gesellschaft für Politik und Wirtschaft e.V.
(Haus Rissen)
Rissener Landstraße 193
22559 Hamburg
www.hausrissen.org

GFA Management
*Virtual Market China*

Eulenkrugstraße 82
22359 Hamburg
www.gfa-group.de

Goethe-Institut Hamburg
Georgsplatz 10
20099 Hamburg
www.goethe.de

Grone Bildungszentrum für Gastronomie und Ernährung GmbH
Heinrich-Grone-Stieg 2
20097 Hamburg
www.grone.de

Hamburg Media School gGmbH
Finkenau 35
22081 Hamburg
www.hamburgmediaschool.com

Hamburger Bildungsserver – Hamburg
www.hamburger-bildungsserver.de

Hamburger Volkshochschule
*Chinesisch Sprachkurs*

Schanzenstr. 75
20357 Hamburg
www.vhs-hamburg.de

Hamburgische Gesellschaft für Wirtschaftsförderung mbH (HWF)
Hamburger Str. 11
22083 Hamburg
www.hwf-hamburg.de

Hamburgisches WeltWirtschafts Institut (HWWI)
Neuer Jungfernstieg 21
20354 Hamburg
www.hwwi.org

HPTI Hamburg Port Training Institute GmbH
Übersee-Zentrum, Schumacherwerder
20457 Hamburg
www.hpti.de

Inlingua Sprachcenter
Spitalerstr. 1
20095 Hamburg
www.inlingua-hamburg.de

Institut ABATON GmbH
Wormser Str. 99
55294 Bodenheim
www.abaton-institut.com

Institut für Arbeit - ICOLAIR e.V.
Harburger Schloßstrasse 30
21079 Hamburg
www.icolair.de

Institut für Berufsfortbildung der Versicherungswirtschaft Hamburg
Rothenbaumchaussee 167
20149 Hamburg
www.ibv-hh.de

Interkulturelle Bildung Hamburg e.V.
Hübbesweg 9
20537 Hamburg
www.ibhev.de

InWEnt - Internationale Weiterbildung und Entwicklung gGmbH
Weyerstraße 79-83
50676 Köln
www.inwent.org

Koordinierungsstelle Weiterbildung und Beschäftigung e.V.
Kapstadtring 10
22297 Hamburg
www.kwb.de

Kunststofftechnik Julitz GmbH
Soltauer Chaussee 16
21614 Buxtehude
www.julitz.com

Marketing Akademie Hamburg
Hans-Henny-Jahnn-Weg 9
22085 Hamburg
www.marketingakademie.de

Max-Planck-Institut für ausländisches und internationales
Privatrecht
Mittelweg 187
20148 Hamburg
www.mpipriv-hh.mpg.de

Northern Institute of Technology - NIT
Kasernenstraße 12
21073 Hamburg
www.nithh.de

Rackow-Schule gGmbH
Schopenstehl 3
www.rackow.de

Save-Our-Future Umwelt Stiftung
*Umweltbildung in China*

Jürgensallee 53
22609 Hamburg
www.save-our-future.de

SBB Kompetenz GmbH
Wendenstraße 493
20537 Hamburg
www.sbb-hamburg.de

Skillnet
*Skillnet Consulting (Shanghai)*

An der Alster 13
20099 Hamburg
www.skillnet.com

TANDEM Hamburg, horizont dialogo e.V.
*Internationale Sprachschule*

Schmarjestr. 33
22767 Hamburg
www.tandem-hamburg.de

UNESCO Institute for Education
Feldbrunnenstr. 58
20148 Hamburg
www.unesco.org/education/uie

Verband Druck und Medien Nord e.V.
Gaußstraße 190
22765 Hamburg
www.vdnord.de

WBS Training AG
Süderstr. 75-79
20097 Hamburg
www.wbstraining.de

Weiterbildung Hamburg e.V.
Lange Reihe 81
20099 Hamburg
www.weiterbildung-hamburg.de

Zentralstelle für Arbeitsvermittlung (ZAV) Studentenvermittlung
212.12 53107 Bonn
www.arbeitsagentur.de

Zentrum für Marine Tropenökologie (ZMT)
*Sino-German Initiative on Marine Sciences*

Fahrenheitstr. 6
28359 Bremen
www.zmt-bremen.de

## Staatliche und politische Einrichtungen

Behörde für Bildung und Sport Hamburg
*Schulische Angelegenheiten: Herr Depenbusch*
*Weiterbildung / berufl. Bildung: Herr Schröder-Roeckner*
*Offizielle Partner des Deutsch-Chinesischen Bildungsforums*

Hamburger Straße 31
22083 Hamburg
www.hamburg.de

Bundesministerium für Bildung und Forschung
Hannoversche Straße 28-30
10115 Berlin
www.bmbf.de

Freie und Hansestadt Hamburg
Vertretung beim Bund
Jägerstr. 1 – 3
10117 Berlin

Generalkonsulat der Volksrepublik China in Hamburg
Elbchaussee 268
22605 Hamburg

Hamburg Liaison Office Shanghai, c/o Delegation of German
Industry & Commerce Shanghai
*Offizieller Partner des Deutsch-Chinesischen Bildungsforums in China*
32nd F POS Plaza I 1600 Century Avenue I Pudong
200122 Shanghai, V.R. China
www.hamburgshanghai.net

Handelskammer Hamburg
Geschäftsbereich International
*The Hamburg Summit – China Meets Europe*

Adolphsplatz 1
20457 Hamburg
www.hk24.de

Sekretariat der Kultusministerkonferenz
Lennéstr. 6
53113 Bonn
www.kmk.org

Senatskanzlei der Freien und Hansestadt Hamburg
*u.a. Städtepartnerschaft Shanghai*

Rathausmarkt 1
20095 Hamburg

Stadt Celle
*Wirtschaftförderung und Stadtmarketing, China-Kontakte*

Helmuth-Hörstmann-Weg 1
29221 Celle
www.celle.de

# Weitere Einrichtungen und Dolmetscher

China Projektberatung
Schellerdamm 4
21079 Hamburg
www.china85.de

---

Chinese Language Services
Bussardweg 21
22527 Hamburg
www.mandarin.de

---

Chinesisches Zentrum Hannover e.V.
Hans-Böckler-Allee 26
30173 Hannover
http://home.t-online.de/home/chinesisches_zentrum

---

Dolmetscherin und Übersetzerin für Chinesisch
*Diplom-Kauffrau Rebecca Chan*
Zwischen den Hecken 32
22119 Hamburg
rebecca.chan@hamburg.de

---

Dolmetscherin für Chinesisch
Li Yang
yangli@mandarin.de

---

Dolmetscherin für Chinesisch
Qiu Xumei
xumei_qiu@yahoo.de

---

Institut für Asienkunde (IFA)
Rothenbaumchaussee 32
20148 Hamburg
www.duei.de/ifa/

Konrad-Adenauer-Stiftung
129 Yunlan Xi Lu
200040 Shanghai
P.R. China
www.kas.de/china

Städtepartnerschaftsprojekt Chinator
Emil-Specht-Allee 4
21521 Aumühle
www.chinator.info

## Chinesisch-Deutsche Gesellschaften

Chinesisch - Deutsche Gesellschaft e.V. Hamburg
Baumwall 7
20459 Hamburg
www.chdg.de

Chinesische Gemeinschaft Duisburg
www.uni-duisburg.de/CGD

Chinesische Vereinigung Konstanz e.V.
*Vorsitzende Frau Bai*

Email: cvkvorstand@yahoo.com
www.welcome.to/cvk

Chinesischer Akademikerverein Frankfurt/M. e.V.
Im Vogelsgesang 28-11
60488 Frankfurt am Main
www.china-frankfurt.de

Deutsch-Chinesische Gesellschaft für Medizin gemn. e.V.
*Institut für Pathologie, Allg. Krankenhaus Barmbek*
*Prof. Höpker*

Rübenkamp 148
22291 Hamburg
Tel.: +49 (0)40 6385 3627

---

Deutsche Gesellschaft für Asienkunde e.V.
Rothenbaumchaussee 32
20148 Hamburg
www.asienkunde.de

---

Gesellschaft Chinesischer Informatiker in Deutschland e.V.
*Ansprechpartner: Xun Xiong*

Hofmannstrasse 51
81359 München
Email: xun.xiong@pn.siemens.de

---

Gesellschaft Chinesischer Mediziner Deutschland
*Vorsitzender Herr Dr. Ge*

45122 Essen
Tel.: +49 (0)201 723 2571

---

Gesellschaft Chinesischer Physiker in Deutschland e.V.
*Vorsitzender Dr. Liu*

Johanna-Stegen-Straße 16
12167 Berlin
www.gcpd.de

---

Gesellschaft Chinesischer Wirtschaftswissenschaftler in der
Bundesrepublik Deutschland - GCWD e.V.
*Vorsitzender Dr. Hong*

Schanzenstraße 53
35398 Gießen
Tel.: +49 (0)641 870 061

Hamburger China-Gesellschaft e.V.
Hindenburgstraße 54a
22297 Hamburg
www.hcg-ev.de

Ostasiatischer Verein e.V.
Bleichenbrücke 9
20354 Hamburg
www.oav.de

Verband der chinesischen Wissenschaftler und Studenten in
Hannover e.V.
www.uni-hannover.de

Verein der Tong-ji Absolventen und Mitglieder in Deutschland e.V.
*Vorsitzender Prof. Yu*

Kiesstraße 90
64287 Darmstadt
http://www.tongji.de/tamd-1-1.htm

Vereinigung der chinesischen Studenten und Wissenschaftler in
Berlin
http://www.berlin-chinese.de/new/index.php

Vereinigung der Gesellschaften der Chinesischen Akademiker und
Studierenden in Deutschland e.V.
*Vorsitzender Prof. Zhang*

Vogt-Koelln-Strasse 30
22527 Hamburg
zhang@informatik.uni-hamburg.de